복 있는 사람
오직 여호와의 율법을 즐거워하여 그 율법을 주야로 묵상하는 자로다.
저는 시냇가에 심은 나무가 시절을 좇아 과실을 맺으며 그 잎사귀가
마르지 아니함 같으니 그 행사가 다 형통하리로다.　　(시편 1:2-3)

복음주의란 무엇인가

D. M. Lloyd-Jones

What is an Evangelical?

복음주의란 무엇인가

마틴 로이드 존스 지음 | 이길상 옮김

복 있는 사람

복음주의란 무엇인가

2004년 6월 9일 초판 1쇄 발행
2020년 3월 10일 초판 11쇄 발행
지은이 마틴 로이드존스
옮긴이 이길상
펴낸이 박종현
도서출판 복 있는 사람
서울특별시 마포구 연남동 246-21
Tel 723-7183 | Fax 723-7184
blesspjh@hanmail.net
영업 마케팅 723-7734
등록 1998년 1월 19일 제1-2280호

ISBN 89-90353-12-2

WHAT IS AN EVANGELICAL?
by D. Martyn Lloyd-Jones

Copyright ⓒ 1992 by Lady Catherwood
Originally published in English under the title
What Is an Evangelical? by D. Martyn Lloyd-Jones
by The Banner of Truth Trust, Edinburgh Eh12 6EL, UK.
All rights reserved.
Translated and used by the permission of The Banner of Truth Trust
through the arrangement of KCBS Literary Agency, Seoul, Korea.
Korean Copyright ⓒ 2004 by The Blessed People Publishing Co., Seoul, Korea.

이 책의 한국어판 저작권은 KCBS Literary Agency를 통해 The Banner of Truth Trust와 독점계약한 도서출판 복 있는 사람이 소유합니다. 저작권법에 의하여 한국 내에서 보호를 받는 저작물이므로 무단전재와 복제를 금합니다.

차례

1

끊임없이 필요한 복음주의 정의(定義)   12

최근 역사와 변화들   18

복음주의를 재점검함   23

잘못된 구분에 따르는 위험   26

에큐메니컬 정신에 굴복함   32

교리가 아닌 성령   38

복음주의 밖에서 교회일치 운동에 가하는 비판   43

2

첫번째 지침 원리/복음을 보존함   51

두번째 지침 원리/역사에서 배움   54

세번째 지침 원리/부정적인 점들을 견지함   55

네번째 지침 원리/빼지도 말고 더하지도 말아야   58

복음주의자의 가치 위계   63

깨어 있음   65

이성을 신뢰하지 않음   67

이성의 위치   74

복음주의자의 또 다른 표지들   78

최상의 관심사들   85

3

근본적인 진리와 부차적인 진리 · 96

본질적인 것과 비본질적인 것의 구분 · 98

교리의 무관심에 대한 비판 · 101

유일하고 충분한 권위/성경 · 103

진화가 아니라 창조 · 111

타락과 악 · 117

유일한 구원의 길 · 122

교회 내의 쟁점들 · 123

연합에 본질이 아닌 부차적인 진리들 · 127

예수 그리스도의 종이요 야고보의 형제인 유다는 부르심을 입은 자 곧 하나님 아버지 안에서 사랑을 얻고 예수 그리스도를 위하여 지키심을 입은 자들에게 편지하노라. 긍휼과 평강과 사랑이 너희에게 더욱 많을지어다. 사랑하는 자들아, 내가 우리의 일반으로 얻은 구원을 들어 너희에게 편지하려는 뜻이 간절하던 차에 성도에게 단번에 주신 믿음의 도를 위하여 힘써 싸우라는 편지로 너희를 권하여야 할 필요를 느꼈노니.

유다서 1:1-3

여러분도 모두 느끼시겠지만, 이 본문은 매우 흥미로운 말씀입니다. 신약성경에서는 다소 보기 드문 내용이 실려 있기 때문입니다. 본문에서 유다는 자신이 원래는 기독교 신앙으로 말미암는 공동의 구원을 강해할 의도였다고 수신인들에게 밝히고 있는데, 그 의도대로 했다면 사도 바울의 로마서와 유사한 성격의 서신이 되었을 것입니다. 하지만 유다는 불가피한 상황 때문에 그 원대한 목표를 그냥 접어 두어야 했다고 말합니다. 왜 그래야만 했을까요? 믿음의 도가 공격당한다는 소식을 들었기 때문입니다. 따라서 어떤 의미에서 유다는 이렇게 말하고 있는 셈입니다. "우리는 시간이 없습니다. 느긋하게 앉아 진리를 강해하는 사치를 누릴 만한 여유가 없습니다. 절박한 문제가 발생했으므로 이제 우리 모두가 믿음을 위한 싸움에 진지하게 나서야 합니다." 이 서신에서 유다가 하고 있는 것이 바로 이것이며, 그래서 유다서가 이렇게 짧은 것입니다.

유다서의 이 본문을 주 본문으로 삼아, 세 차례로 나누어 강의를 진행하려고 합니다. 내게는 성경의 한 절이나 단락을 취해서 강해하는 것만큼 큰 낙이 없습니다. 하나님의 말씀을 풀어 가르치는 것이 어느 때든 큰 기쁨이지만, 나는 오늘날 우리도 유다 같은 이들이 처했던 상황과 아주 흡사한 상황에 처해 있다고 믿습니다. 믿음의 내용을 하나하나 짚어 가면서 전체를 방어해야 하는 절박한 상황이 발생했습니다. 이제 여러분과 함께 하려는 것이 바로 그 일입니다.

좀더 구체적으로 말하자면, "복음주의란 무엇인가?" 하는 질문을 여러분과 함께 다루고자 하는 것입니다. 유다가 사역하던 시대의 근본적인 화두는 "믿음이란 무엇인가? 그리스도인이란 무엇인가?" 하는 것이었습니다. 유다는 믿음 전체가 공격과 훼손을 당하는 상황에서, 한가롭게 진리와 교리의 특정 부분을 다루는 것이 무익한 일이라고 말하고 있습니다. 믿음의 뿌리로, 근원으로 돌아가야 한다는 뜻입니다. 나는 우리도 다시 한번 그러한 상황에 처해 있다고 믿습니다. 이런 상황은 기독교 교회의 긴 역사에서 간헐적으로 발생해 왔습니다. 이런 상황에 부딪칠 때마다, 그리스도인들은 근본으로 돌아가서 기독교 신앙의 본질 자체를 다시 정의하고 변호해야 했습니다.

끊임없이 필요한 복음주의 정의(定義)

이제 "복음주의란 무엇인가?" 하는 질문을 중심으로 기독교 신앙의 본질을 살펴보려고 합니다. 이렇게 하는 이유는, 우리가 국제 복음주의 학생회(International Fellowship of Evangelical Students)의 후원으로 이 자리에 모였기 때문입니다. 이 단체의 명칭에는 '복음주의'라는 구체적인 용어가 포함되어 있습니다. 나는 오늘날 우리가 이 용어를 당연하게 받아들여서는 안되는 상황에 처해 있음을 여러분에게 납득시켜 드리기를 원합니다. 우리는 복음주의라는 말의 의미를 다시 검토해야 합니다. 그것을 다시 정의해야 합니다. 그리고 그것을 위해서 싸우고 방어할 준비를 갖춰야 합니다.

이 말에 동의하지 않고 굳이 그럴 필요가 있느냐고 반문할 분들도 있습니다. 그들은 "복음주의자가 무엇인지 모르는 사람이 어디 있는가. 그것은 모든 사람에게 친숙한 용어다"라고 말합니다. 개인이 특정한 진술을 하면 복음주의자이고, 조직이 적극적으로 특정한 진술을 하면 복음주의적 조직이 되는 것이라고 그들은 말합니다. 하지만 이제 그 말은 더 이상 사실이 아닙니다. '복음주의'의 의미에 관한 질문 전체가 용광로 속으로 던져지는 상황이 전개되어 왔고, 지금도 계속해서 전개되고 있습니다. 따라서 이제는 이 용어를 사용할 때 구체적으로 무슨 뜻으로 사용하는지 확인해 봐야 합니다.

왜 그렇습니까? 첫번째 대답은, 과거의 역사 곧 오랜 세월을 걸쳐 내려온 교회의 역사가, 교회의 삶에 고정된 것이란 아무것도 없음을 분명히 보여주기 때문입니다. 교회가 걸어 온 역사에는 언제나 변화와 발전의 과정이 있었으며 불행하게도 그 과정은 대체로 퇴보의 성격을 띠었습니다. 물론 이것은 죄와 타락으로 인한 결과입니다. 죄가 인간의 삶에 쇠퇴를 끌어들였고, 그 결과 창조계의 삶에도 퇴보가 들어왔습니다. 따라서 교회 안에도 이러한 경향이 나타나는 것은 이상한 일이 아닙니다. 이미 신약성경에서조차 기독교 진리가 무엇인가 하는 문제와 관련해, 이단 곧 거짓 교훈이 대두하고 교묘한 변화들이 발생한 것을 보게 됩니다. 사도행전 20장에서 사도 바울은 에베소 교회 장로들에게 감동적인 고별사를 하는 자리에서, 그들 가운데 거짓 교훈을 가르칠 사람들이 일어날 것이라고 경고했습니다. 사실상 늑대나 다름없는 자들이 들어와 하나님의 양들을 해칠 것이라고 했습니다. 과연 이러한 일이, 그 이래로 교회 역사에서 계속해서 발생해 왔습니다.

40년 전에 개신교를 주제로 다룬 책을 읽은 적이 있는데, 그 책의 첫 문장이 지금도 잊혀지지 않습니다. "모든 제도는 상반된 제도를 일으키는 경향이 있다"는 것이었습니다. 그것이 개신교에 관한 책의 첫 문장이었습니다. 그 책의 의도는 오늘날 대다수 개신교 교회들이 설립 당시와 정반대 상태에 와 있음을 지적하려는 것이었고, 저자는 그 의도를 아주 단순하게 이뤄 냈던 것으로 기억합니다. 잠시 시간을 내주신다면 나도 그 점을 얼마든지 입증해 보여드릴 수 있습니다. 마르틴 루터와 개신교 초창기를 예로 들어 보겠습니다. 루터교가 등장한 이래 100년도 못되어 이른바 루터교 스콜라주의가 생긴 경위를 여러분도 기억할 것입니다. 경직화 과정이 시작되고 미묘한 변화들이 일어나서, 17세기 중엽에 이르면 루터교가 루터 당시의 모습과 사실상 딴판이 되어 있었습니다. 슈페너(Spener)와 아른트(Arndt)가 일으킨 경건주의 운동은 이러한 현실에 항거하고 교회를 원상으로 돌아가게 하려는 시도였습니다.

개혁주의에도 같은 일이 발생했습니다. 경직화 과정이 진행되고 주지주의(intellectualism)가 들어오면서 원래 상태에서 심각하게 이탈하는 상황이 벌어진 것입니다.

이러한 현상은, 내가 알고 있는 모든 교단과 여러 나라에 존재하는 교단들과 종교 단체의 역사에서 얼마든지 예증할 수 있습니다. 이것이 우리가 깨달아야 하는 원리입니다. 시작이 바르다고 해서 그후로도 계속 바르게 진행될 것이라고 기대하는 것은 부질없는 짓입니다. 죄와 악 때문에 변화뿐 아니라 심지어 쇠퇴까지도 과정에서 얼마든지 나타날 수 있습니다.

그것이 전부가 아닙니다. 여러 세기에 걸친 교회 역사를 바라볼 때 한 가지 더 지적할 것이 있습니다. 그것은 이 변화의 과정이 어느 날 갑자기 나타나는 현상이 아니라는 점입니다. 그것은 언제나 교묘하고 더딘 과정입니다. 여러분도 아시는 것처럼 우리 주님은 좀과 동록을 비유에 사용하셨습니다. 녹이 쓰는 과정은 매우 더딥니다. 주의해서 관찰하지 않으면 모르는 사이에 교량의 이음쇠 같은 데 녹이 슬어 붕괴를 일으킵니다. 그 변화는 거의 감지할 수 없는데, 옷에 생기는 좀도 비슷한 결과를 낳습니다.

교회사에서 이와 흡사한 예가 있다면 그것은 아마도 지난 19세기에 일어난 이른바 고등비평 운동일 것입니다. 19세기 초만 해도 복음주의 교단들과 단체들이 많이 있었습니다. 세월이 흐르면서 점차 변화가 생겼는데, 그것은 강조와 교훈에 있어서의 변화였습니다. 하지만 놀라운 것은 그것이 아주 더디고 은밀하게 진행되었다는 점입니다.

물론 그러한 변화를 과감하게 드러내 놓고 주장함으로써 누구라도 그것이 잘못된 사상임을 알 수 있게 한 극단적인 사람들도 있었습니다. 그들은 오히려 큰 해악을 끼치지 않았습니다. 본래 그런 사람들은 큰 해악을 끼치지 못하는 법입니다. 노골적이고 분명하고 거만한 이단은 처음부터 반발을 사기 때문에 위험하지 않습니다.

정말로 위험한 사람은 지극히 사소하고 미묘한 변화를 끌어들이는 사람입니다. 영국 교회 역사에서 한 예를 드는 것을 양해해 주시기 바랍니다. 물론 그것은 내게 가장 친숙한 이야기지만, 미국을 비롯한 다른 나라들의 역사에서도 얼마든지 비슷한 예를 들 수 있습니다. 스코틀랜드에 데이비드슨(A. B. Davidson)이라는 교수가 있었습니다. 그는 교회에 큰 해를 입힌 사람입니다. 구약학과 히브리어 교수였던 그가 교회에 해를 끼친 방식은 이렇습니다. 그는 매우 경건하고 친절하고 선량한 사람이었는데, 학생들은 그의 인품에 매료된 까닭에 그가 고등비평을 채택함으로써 새로운 요소를 강의에 도입하고 있다는 사실을 인식하지 못한 채 그에게 배운 것입니다.

몇 년 전에 겪은 일이 생각납니다. 비극이 아니었다면 퍽 즐거웠을 일이었습니다. 데이비드슨의 탄생 100주년을 기념하던 주간이었는데, 나는 그 주간에 그에 관한 두 편의 글을 읽었습니다. 한 편은 자유주의적인 주간지에, 다른 한 편은 복음주의적인 주간지에 실렸습니다. 두 기사 모두 그를 예찬했습니다. 자유주의적인 주간지가 그를 예찬한 이유는, 그가 누구보다 구약성경에 대한 새로운 '학문적 관점'을 도입하고 벨하우젠(Wellhausen)의 체계를 받아들였기 때문이었습니다. 그러나 복음주의적인 주간지에 기고한 저자 역시 그를 칭송했는데, 그가 매우 경건한 사람이었고 강의를 시작하기 전에 반드시 기도를 드렸다는 것이 그 이유였습니다. 그런데 대체로 이런 유형의 사람이 교회에 큰 해악을 끼치는 법입니다. 겉으로 드러난 면만 봐서는 무슨 변화를 끌어들이는지 어지간해서는 파악하기 어렵기 때문입니다. 그가 정말로 위험한 것을 꾸준히 도입한 것은 눈에 띄지 않는 작은 일이었습니다.

그런데 찰스 해든 스펄전(Charles Haddon Spurgeon)이라는 거장은 이 모든 것을 간파했습니다. 그가 그러한 동향에 '몰락'(Downgrade) 운동이라는 이름을 붙여가며 비판하기 시작했을 때 복음주의자들은 그를 거세게 비판했습니다. "스펄전이 왜 저러는가. 상궤를 넘어선 혹평이 아닌가. 흙두둑을 산이라 부풀리고 상황을 호도하고 있는 것이다!" 하지만 역사는 그의 지적이 과장이 아니었음을 입증했습니다. 그는 미묘한 변화들을 감지했던 것입니다. 스펄전이 해악을 끼칠 것이라고 우려했던 자들을, 당대의 사람들은 여전히 복음주의자들이라고 두둔했습니다. 표현 방식에 이런저런 문제가 있을지 모르지만, 그들은 틀림없는 복음주의자들이라고 했습니다. 그들이 기존의 교리와 다르게 주장하기 시작한 내용에는 관심을 기울이지 않았고, 그 결과 교회의 삶에 은밀히 침투하던 미묘한 과정을 파악하지 못했습니다.

최근 역사와 변화들

나는 오늘날 우리 역시 똑같은 과정에 처해 있다는 것과, 더욱이 지난 10년 동안 복음주의권에 매우 우려할 만한 상황이 전개되어 왔다는 것을 말씀드리고 싶습니다. 정말로 힘주어 말씀드리고 싶은 것은, 과거에 우리가 복음주의자라고 말한 적이 있다고 해서 지금도 여전히 복음주의자이고 앞으로도 그럴 것이라고 주장한다면, 그것은 신약성경의 교훈을 왜곡하는 것일 뿐 아니라 역사가 분명히 가르쳐 주는 큰 교훈을 제대로 이해하지 못하는 것이라는 점입니다.

구체적인 사례를 들어가며 좀더 자세히 설명해 드리겠습니다. 미국에는 '신복음주의'(new evangelicalism)라는 명칭을 자랑하는 사람들이 있습니다. 그들의 사상은 심지어 여러분에게도 설득력 있게 다가옵니다. 신복음주의라고 하는 것은 더 이상 옛 복음주의가 아니라는 뜻입니다. 무엇이 다르든지 옛것과 다르다는 암시가 실려 있습니다. 그들이 펴내는 저서들을 읽어 보면, 복음주의에 대한 정의에 미묘한 변화가 생긴 것을 감지할 수 있습니다. 이러한 변화는 미국이나 '신복음주의'라는 용어에 국한되지 않습니다.

다른 구체적인 사례들을 제시할 수 있습니다. 미국에는 루터교 미주리 대회(the Missouri Synod of the Lutheran Church)라는 큰 규모의 복음주의 교회가 있었습니다. 오늘날 미국 루터교는 여러 교단들로 분열되었지만, 이 교단들 가운데 **복음주의적인** 교단이 미주리 대회였습니다. 이 교단은 1860년경에 칼 발터(Carl Walther)라는 독일의 설교가이자 신학자가 설립했습니다. 미주리 대회는 그 이래로 계속해서 복음주의의 보루 역할을 해왔으나 이제는 더 이상 그렇지 않습니다. 오늘날 미주리 대회는 심각한 분쟁에 휘말려 있습니다. 적어도 두 개 이상의 대집단으로 분열된 상태입니다. 미묘한 과정이 진행되었고, 그들은 무엇이 진정으로 복음적이고 무엇이 그렇지 않은지를 결정하는 문제로 큰 논쟁을 벌이고 있습니다.

미국에서 또 한 가지 예를 들어보겠습니다. 미시간에 본부를 두고 있는 기독교 개혁교회(Christian Reformed Church)로 알려진 교단이 있습니다. 이 교단 역시 오랜 세월 동안 복음주의 옹호자로 서온 대교단입니다. 이들은 캘빈대학과 캘빈신학교를 운영하고 있습니다. 기독교학교들도 운영합니다. 한때는 역사적 신앙을 방어하려는 목적으로 서로 연합했던 복음주의자들의 집단이었습니다. 그러나 이제는 더 이상 그렇지 않습니다. 오늘날 기독교 개혁교회는 한복판에서부터 분열된 채, 그들 역시 복음주의를 정의하는 문제로 논쟁을 벌이고 있습니다. 옛 복음에 일정한 변화를 도입해 놓고도 여전히 복음주의자라고 말할 수 있습니까? 그것이 오늘날 전개되고 있는 갈등의 배후에 놓인 문제입니다.

이 같은 오늘의 현실을 훨씬 더 현저하게 보여주는 사례는 아마도 네덜란드에서 자유대학교와 관련해 벌어지고 있는 상황일 것입니다. 여러분은 아브라함 카이퍼(Abraham Kuyper)가 1880년에 설립한 자유대학교의 역사에 관해 어느 정도 알고 있을 줄로 생각합니다. 카이퍼가 이 학교를 설립한 목적은 복음적 신앙을 지키기 위한 것이었습니다. 오늘아침 이 자리에 오신 분들 가운데 국제 복음주의 학생회(IFES)와 비교적 오랫동안 관계를 맺어 오신 분들은 대부분 자유대학교가 우리의 복음주의를 변호해 줄 것으로 기대했습니다. 이제는 더 이상 그것을 기대할 수 없습니다. 앞서 언급한 미국의 교단들과 마찬가지로 암스테르담의 자유대학교에도 변화가 생겼습니다. 자유대학교와 그 교단은 10년 전과도 같지 않습니다. 10년 전만 해도 그들은 에큐메니컬 운동과 세계교회협의회 바깥에 있었습니다. 하지만 이제는 안에 들어가 있습니다. 그것만이 아닙니다. 자유대학교 교수들이 발표한 저서들과 기사들에는 매우 교묘한 변화가 일어났음을 입증하는 뚜렷한 증거들이 있습니다. 그것은 강조점의 변화일 뿐 아니라 대단히 중요하고 본질적인 문제들에 대한 신념의 변화이기도 합니다.

나는 변화가 교묘하게 발생해 온 점을 강조하고 있습니

다. 과거에도 항상 그랬듯이 지금도 그렇습니다. 어떤 이들은 이렇게 말합니다. "그러나 그것은 지나친 비약입니다. 그들은 여전히 기독교적인 위대한 주장을 하고 있습니다. 무슨 권리로 그들이 변화를 꾀하고 있다고 말하는 것입니까?" 내 대답은 이런 변화들이 항상 이처럼 교묘한 방식으로 발생해 왔다는 것입니다. 하지만 그 점에 덧붙여 말씀드리고 싶은 것이 있습니다.

이러한 종류의 변화는 또 한 가지 특성을 가지고 있는데, 이것 역시 신약성경 시대부터 오늘날에 이르기까지 동일한 방식으로 입증되어 왔습니다. 이러한 변화는 대개 처음에는 중심부가 아닌 주변부에서 발생합니다. 이 점 역시 그 과정이 지닌 교묘한 특성입니다. 핵심 진리들에 관해서 어느 날 갑자기 교회의 전통적 입장과 사뭇 다른 진술을 하는 경우란 웬만해서는 발생하지 않습니다. 다른 관점은 외부와 접해 있는 어떤 문제로부터 시작합니다. 이처럼 변화가 주변부에서 발생하기 때문에 어떤 사람들은 변화가 발생했다는 사실 자체를 인정하지 않습니다. "크고 중심되는 문제들에 관해서 이 사람들은 전혀 흠이 없다"고 두둔합니다. 하지만 그렇지 않습니다. 외부와 닿아 있는 주변부에서 변화가 시작된다고 해도, 그것이 문제의 심각한 면입니다. 기독교 진리란 하나이기 때문입니다. 기독교 진리가 영광스러운 이유는, 많은 부분이 있음에도 불구하고 전체가 하나로 결합되어 있기 때문입니다. 사도 바울이 고린도전서 12장에서 교회를 사람의 몸에 비유해 전하는 말씀은 기독교 신앙의 몸, 곧 총체(corpus)에도 동일하게 해당됩니다. 모든 부분이 다른 모든 부분에 속해 있기 때문에 주변부의 사소해 보이는 변화라도 그 영향이 곧 중심부에까지 파급됩니다. 앞서 말했듯이 이것은 기독교 교회의 오랜 역사에서 얼마든지 사례를 들어 설명할 수 있는 원리이기도 합니다.

복음주의를 재점검함

우리의 상황 전체를 재점검하지 않을 수 없는 몇 가지 이유가 있습니다. 최근에 큰 변화를 경험한 사람들, 그리고 그 사실을 공식적으로 인정하는 사람들 가운데 많은 이들이 여전히 진정한 복음주의자로 자처합니다. 그러므로 복음주의가 무엇인지, 구체적으로 누가 복음주의자인지 정확하게 규명할 필요가 있습니다.

25-26년 전에 국제 복음주의 학생회를 시작할 당시에도 이와 비슷한 문제에 직면했던 일이 생각납니다. 당시 유럽

의 일부 사람들은 로마 가톨릭에 속하지 않은 사람을 복음주의자로 간주하는 경향이 있었습니다. 복음주의라는 용어가 영국이나 미국에 비해 훨씬 광범위하고 느슨하게 사용되었습니다. 종교의 판도를 로마 가톨릭 교회와 복음주의 교회로 양분하고, 로마 가톨릭에 속하지 않은 사람은 자동적으로 복음주의자로 분류하는 경향이 있었던 것입니다. 하지만 오늘날 그것은 너무나 막연한 정의입니다.

우리는 '복음주의'가 엄연히 한정된 용어임을 밝히고 나서 논의를 시작해야 합니다. 내가 오늘부터 며칠 동안 계속해서 아침마다 이 강단에 서게 된 것은 "기독교란 무엇인가?"라는 주제를 논하기 위해서가 아닙니다. 그것이 우리의 논제가 아닙니다. 우리의 논제는 "복음주의란 무엇인가?" 하는 것입니다. 오늘 국제 복음주의 학생회에 참석한 우리는 그런 광범위한 의미만을 지닌 기독교 단체에 속해 있지 않습니다. 물론 우리는 그리스도인들이지만, 우리 자신을 복음주의 그리스도인이라고 주장합니다. 그것이 우리가 함께 논하고 있는 주제입니다. 로마 가톨릭 신자들 가운데도 의심할 여지없이 그리스도인들이 있습니다. 하지만 지금, 우리가 그 점을 논하는 것은 아닙니다.

만약 여러분이 복음주의라는 용어를 사용한다면 거기에

는 분명히 어떤 의미가 담겨 있습니다. 그것은 한정된 의미입니다. 몇 가지 점에서만 제한적으로 사용됩니다. 어떤 점들은 배제하고 어떤 점들은 강조하는데, 내가 관심하는 것이 이것입니다. 이렇게 배제하고 강조하는 작업이 명쾌하게 이루어지기를 기대합니다. 우리는 단순히 기독교 일반을 정의하는 것이 아니라 복음적 기독교를 정의하는 것입니다. 이렇게 하는 것은 궁극적으로 복음적 신앙이 기독교 신앙 교리 자체를 참되게 표현하는 유일한 길임을 믿기 때문입니다. 그리스도인이면서도 교리적으로는 부족한 점이 있을 수 있지만, 우리가 관심을 가지고 노력하는 것은 참된 교리를 충분하게 진술하려는 것입니다. 이러한 교리를 믿고 가르치고 전해야 사람들이 회심하고 교회에 가입하는 일이 있기 때문입니다. 교회가 잘못된 교리를 취하면 사람을 회심시킬 수 있는 영향력이 끊깁니다. 이 점에서도 교회의 긴 역사에 뚜렷하게 부각되어 있는 어떤 것이 있습니다. 그것 때문에 우리가 복음주의라는 용어의 의미를 규명하고 그것을 '최후의 일각'까지 지키는 데 심혈을 기울여야 하는 것입니다.

그렇다면 어떻게 해야 **복음주의**를 기독교 일반과 구분할 수 있을까요? 이것이 오늘 강의의 큰 주제이며, 나는 앞으로 몇 년 내에 여러분이 이 문제를 진지하게 해결하지 않으면

안되는 상황에 처하게 될 것이라고 예상합니다. 어쩌면 여러분은 이미 각자 소속된 나라에서 그런 상황에 직면해 있는지도 모릅니다. 그 한계를 어디로 정해야 합니까? 이 문제를 논하는 데는 두 가지 큰 위험이 도사리고 있는 듯합니다. 이것 역시 과거의 역사를 토대로 말씀드리고자 합니다.

잘못된 구분에 따르는 위험

첫번째 위험은, 복음주의를 지나치게 좁고 엄격하고 상세하게 정의하는 것입니다. 이것을 위험이라고 부르는 이유는 이것이 이른바 교회 분열로 이어지기 때문입니다. 분열이 무엇입니까? 분열을 가장 잘 정의해 놓은 곳은 사도 바울이 쓴 고린도전서, 그중에서도 12장일 것입니다. 성경의 다른 곳에도 참고할 교훈이 많이 있습니다. 대사도가 정의해 놓은 분열이란, 신앙의 본질적인 요소에는 일치하지만 본질적이지 않은 요소에는 일치하지 않아 갈라지는 것입니다. 분열은 몸을 찢는 행위입니다. 그러므로 분열의 죄는 오직 진리, 곧 본질적인 진리는 믿되 본질적이지 않은 다른 것들은 부정하는 사람만 범할 수 있습니다.

고린도 교회를 예로 들어 설명하겠습니다. 고린도 교회

는 여러 집단과 파벌로 갈라져 있었습니다. 분열의 죄를 범하고 있었습니다. 무슨 문제로 갈라져 있었습니까? 사도가 지적하는 몇 가지 이유를 상기시켜 드리겠습니다. 고린도의 교인들은 각자 선호하는 설교자를 내세운 까닭에 갈라졌습니다. 제각각 "나는 바울에게 속했다", "나는 아볼로에게 속했다", "나는 게바에게 속했다"고 주장했습니다. 이들은 기독교 신앙의 중심 교리들에는 모두 일치했으나 각자 선호하는 설교자를 놓고 갈라져 있었습니다. 그뿐 아니라 논쟁을 벌이면서 제각각 그룹을 형성한 채 어떤 지도자들이 더 훌륭한지 여부로 서로 반목하고 있었습니다.

분열의 또 한 가지 원인은 지식과 이해의 문제였습니다. 고린도 교회에는 남들보다 생각이 트인 사람들이 있었는데, 그들은 우상에게 바쳤던 고기를 먹는 행위가 조금도 잘못된 일이 아님을 알았습니다. 우상이란 실재가 아니라 공상의 산물임을 알았기 때문입니다. 우상은 존재하지 않는 헛것입니다. 따라서 이교 신전에서 우상에게 바쳤던 고기라고 해서 고기에 무슨 영향이 발생했을 리 없습니다. 고기를 오염시킬 만한 것이 없기 때문입니다. 그것이 생각이 트인 사람들의 입장이었습니다. 그들은 그런 고기를 먹으면서 자신들의 행위를 정당화하고 있었습니다. 그러나 그 교회에는 이러한 사실을 깨닫지 못한 약한 형제들이 있었습니다. 전통과 성장 배경에 매여 있던 그들은 우상에게 바쳤던 고기를 먹는 것이 용납할 수 없는 행위였기에 고기를 먹는 형제들에게 등을 돌리고 있었던 것입니다. 신앙의 중심 진리와 교리에 대해서는 모두가 일치했으나, 강한 형제들과 약한 형제들, 생각이 트인 상태와 트이지 않은 상태 때문에 서로 갈라져 있었습니다. 이것이 분열의 두번째 원인입니다.

그러나 고린도 교회가 드러낸 가장 심각한 분열은 영적 은사에 관한 문제 때문에 발생했습니다. 한분이시고 동일하신 성령께서 고린도 교회의 다양한 교인들에게 은사를 주셨습니다. 이 은사는 하나의 몸에 주신 것이며, 은사를 주신 목적은 그것을 선용하여 교인들을 진리로 세우고 다 함께 그리스도의 몸으로 장성하도록 하려는 것이었습니다. 그러나 고린도 교인들은 자신들이 받은 은사를 선용하지 못함으로써, 은사들이 연합과 장성의 원동력이 되지 못하고 분열과 분쟁의 원인이 되고 말았습니다. 이 문제에서도 이 교회의 교인들은 각자 따로 행동했고 서로를 시기하고 질투했습니다.

사도는 이와 같이 몇 가지 사례를 들어 '분열'이라는 용어의 정확한 의미를 가르칩니다. 다들 신앙의 중심 교리에는 일치하면서도 구원에 본질적이지 않고 필수적이지도 않은 문제들로 서로 나눠져 다투었습니다. 이것이 우리 복음주의자들 앞에 항상 도사리고 있는 위험의 하나입니다. 우리는 자칫 지나치게 완고해질 수 있습니다. 기독교 교회가 걸어온 긴 역사에는 이러한 유형의 분열이 빈번하게 발생했습니다. 이렇게 지리멸렬한 현상을 놓고 로마 가톨릭 교회가 개신교를 향해 통렬한 비난을 가하는데, 그것은 일리 있는 비난입니다. 마르틴 루터는 성령의 인도를 받아 거대한 이동을 감행함으로써 교회를 분열시켰습니다. 교회를 갈라놓았습니다. 갈라져 나왔습니다. 그러나 루터가 그 일을 감행한 순간에 그와 함께 갈라져 나온 사람들이 이번에는 그에게서 갈라서기 시작했습니다. 이로써 그들은 루터파와 개혁파로 크게 양분되었고, 그런 다음에는 다양한 재세례파 집단들이 생겼습니다. 로마 교회는 "바로 그것이다. 너희가 우리를 떠난 순간에 발생한 결과가 바로 그것이 아니냐?" 하고 비난했습니다. 그후에도 유사한 경향이 복음주의자들 사이에 존재해 왔습니다.

　이와 관련해 몇 가지 웃지 못할 사례도 있습니다. 내 말이 민족적 자부심을 조금이라도 손상시키지 않기를 바랍니다. 분열의 경향을 다른 나라들보다 현저하게 드러낸 나라는 스코틀랜드입니다. 스코틀랜드 교회는 다른 나라 교회들에 비해 분열을 더 많이 겪었습니다. 이 나라의 교회들은 한결같이 장로교를 표방하지만 실제로는 다양한 집단과 교단으로 쪼개져 있습니다. 이 나라의 역사, 특히 18세기 역사를 살펴보면 새빛파(New Lights)와 옛빛파(Old Lights), 시민파(Burghers)와 반시민파(Anti-Burghers)로 알려진 다양한 집단들이 나옵니다. 이들은 신앙의 중심 교리들에는 일치했으나 지엽적인 문제들, 예를 들어 자치도시 정부에 충성서약을 할 것인지 말 것인지 하는 따위의 문제로 분열되어 각자 따로 교회를 세웠습니다.

여기서 여러분에게 조금 재미있는 이야기를 들려드려야겠습니다. 스코틀랜드의 어느 교회에 목사님이 계셨는데, 내외가 모두 경건하고 유능한 분들이었습니다. 그러나 자치도시에 충성서약을 하는 것이 옳은지의 여부가 교회의 문제로 불거졌을 때 내외는 각자 다른 견해를 주장하게 되었습니다. 서로 의견 차이를 확인한 두 사람은 주일아침에 평소대로 목사관을 나와 예배당까지는 나란히 걸어갔습니다. 남편이 예배당 안으로 들어갔지만 아내는 남편과 떨어져 계속 걸어갔습니다. 길을 걸으면서 아내는 혼잣말로 남편을 향해 '당신이 여전히 내 남편일 수는 있으나 더 이상 내 목사님은 아닙니다' 하고 말했습니다. 그렇게 계속 걸어가서 반시민파 사람들이 출석하는 교회에 들어가 예배를 드렸다는 것입니다! 우리가 오늘날 직면해 있는 위험들 가운데 하나도 그와 같은 것입니다. 이러한 위험 앞에서 우리는 지나치게 완고하고 경직되고 편협한 태도를 취함으로써 분열의 죄를 범할 수 있습니다.

침례교와 이른바 형제회라 불리던 사람들 사이에도 분열이 있었습니다. 플리머스 형제회(Plymouth Brethren)는 어느 교단에도 속하지 않는다는 방침을 정해 놓고 출범했습니다. 그들은 모두 형제들이었고 저마다 사랑이 많은 사람들이었지만 그 집단의 역사와 그동안 집단에서 발생해 온 분열을 잘 살펴보면, 신앙의 중심 문제들이 아니라 그 중심에서 한참 벗어난 지엽적인 문제들 때문에 빈번히 분열이 발생했음을 확인하게 됩니다. 침례교와 감리교를 비롯한 여러 다양한 교단들 가운데서도 그와 유사한 분열이 끊임없이 발생해 왔습니다. 미국의 경우를 생각해 보겠습니다. 미국에 얼마나 많은 교단들이 있는지 살펴보시기 바랍니다. 동일한 복음적 신앙을 주장해 온 사람들 가운데 어떠한 분열들이 발생했는지 살펴보시기 바랍니다. 그들은 사람들 위주로 분열했습니다. 미묘하고 개별적인 쟁점들을 놓고 분열했습니다. 나는 오늘날 남아프리카 공화국과 아프리카의 다른 나라들에서도 크게 다르지 않은 상황이 전개되고 있다고 봅니다. 교단들이 난립한 상황에서 사람들은 새로운 교단을 형성하는 데 주저하지 않습니다. 그리고 그 동기도 중요한 진리 때문이 아니라 부차적이지도 못한 세번째, 네번째, 심지어 스무번째 정도밖에 되지 않은 지엽적인 문제들 때문입니다!

이것이 복음주의라는 용어를 정의하려고 할 때 유념해야 할 크나큰 첫번째 위험 요소입니다.

에큐메니컬 정신에 굴복함

두번째 위험은, 첫번째와 정반대의 위치에 놓인 위험입니다. 이것은 지나치게 넓고 개방적이고 느슨해서 결국 정의하려는 시도조차 무의미하게 만드는 위험입니다. 오늘의 현실을 돌아보면 오히려 이것이 더 큰 위험이 아닌가 싶습니다. 왜냐하면 우리는 교회일치(에큐메니컬) 운동의 시대라 불릴 만한 시대에 살고 있기 때문입니다. 과거에 그릇된 동기로 발생했던 분열들을 죄로 규정하고 비난하는 견해가 꾸준히 제기돼 왔으며 이것은 정당한 태도입니다. 그러나 거기에는 위험이 도사리고 있는데, 반대하되 과도하게 반대해 정반대의 극단으로 치우침으로써 "기독교 정신만 갖고 있으면 아무것도 문제될 것이 없다"고 말하는 것입니다.

나는 이것이 오늘날 복음주의 그리스도인들 앞에 놓인 위험이라고 봅니다. 그리고 이 잘못된 교회일치 운동의 경향이 스스로를 드러내는 방식과 관련해 여러분에게 드릴 말씀이 있습니다. 물론 그리스도인이라면 누구나 일치를 중시해야 합니다. 우리 주님은 대제사장으로서 드린 위대한 기도로 그 점을 확립해 놓으셨습니다(요 17장). 신약성경 곳곳에 그러한 교훈이 실려 있습니다. 우리는 하나가 되기 위해 많은 노력을 기울여야 합니다. 그러나 그런 구실로 생각이 해이해져서는 안됩니다. 거짓되고 모호하고 불분명한 에큐메니컬 사고방식에 종속되어서는 안됩니다. 이러한 위험을 가중시키고 우리의 입지를 송두리째 위협하는 듯한 요인들이 있는데, 그것을 언급하고자 합니다.

나는 그 요인들 가운데 하나가 빌리 그레이엄 전도대회라고 봅니다. 이 말을 좀 설명하겠습니다. 빌리 그레이엄은 가능한 한 광범위한 계층으로부터 후원받는 것을 중시했고 그의 동기는 선한 것이었습니다. 어떻게 해서든 복음을 전하려고 노력했고, 그것은 정당한 태도였습니다. 그러나 복음을 부정하는 사람들에게까지 후원받는 것도 정당한가 하는 것은 별개의 문제입니다. 빌리 그레이엄은 이러한 일도

마다하지 않는 경향이 있습니다. 과거에는 서로 아무런 관계도 없는 사람들을 하나로 끌어 모았습니다. 나는 이런 현상을 여러 나라들에서 보았지만, 그가 스코틀랜드에서 전도집회를 벌인 뒤에 이 문제와 관련해 충격적인 이야기를 들었습니다. 내가 만난 어떤 사람들은 이렇게 말했습니다. "목사님도 잘 아시겠지만, 전도대회를 치르면서 전에는 서로 잘 몰랐고 스코틀랜드 교회와 관계를 맺은 적도 없었던 사람들을 만나 겪어 보니 너무나 좋은 사람들이었습니다. 그들과 함께 사역하는 동안 내내 행복했습니다." 너무나 미묘한 말이었습니다. 왜냐하면 그들이 만나 함께 일한 사람들이 좋은 사람들임을 발견했지만—혹시 전에는 이 사람들이 뿔이 달리고 긴 꼬리가 붙은 사람들인 줄로 알고 있었을까요?—문제는 그들의 좋은 성품과 친근함과 형제를 사랑하는 태도에 감화를 받았다는 점입니다. 이러한 모습에 감화를 받은 그들은 한 걸음 더 나아가 이렇게 말했습니다. "잘 생각해 보니 그동안 우리가 강조해 온 교리들이 과연 그만큼 중요한 것인가 의문이 들었습니다. 정말로 중요한 것은 우리가 그리스도인들이라는 것, 우리가 이 사랑의 정신을 품고 있다는 것, 그리고 서로 협력해 일할 준비가 되어 있다는 것이 아닐까요?" 나는 그레이엄을 비롯한 부흥사들이 매우 미묘한 방식으로 이러한 영향을 끼쳐 오면서, 신자들에게 복음주의의 정확한 의미에 대한 확신을 흔들어 왔다고 믿습니다.

그 일이 발생한 또 다른 방식은 내가 영국에서 친숙하게 경험하고 있는 바이기도 합니다. 오늘날 영국 사회에서는 자유주의를 비판하면 누구나 복음주의자로 간주하는 지극히 현실적인 위험이 있습니다. 여러분도 아시듯이 나이가 들어간다는 데에는 다소 유익이 있습니다. 그중 하나가 역사를 조금 더 잘 알게 된다는 것입니다. 나는 바르트 운동(Barthian Movement)이 어떻게 시작되었고 그것을 둘러싼 사건들이 어떻게 진행되었는지 알 수 있는 만큼은 나이를 먹었습니다. 스코틀랜드에 도널드 맥클리언(Donald Maclean)이라는 나이 지긋한 유명한 교수가 있었습니다. 그와 또 한 사람이 오늘날까지도 간행되고 있는 「계간 복음주의」(*The Evangelical Quarterly*)로 알려진 간행물을 펴내기 시작했습니다. 이 간행물은 1920년대에 유행하던 현대주의와 자유주의에 맞서서 기독교 신앙을 변호하기 위해 창간된 진정한 복음주의적 출판물이었습니다. 나는 도널드 맥클리언 교수와 만났던 일을 잊지 못합니다. 그는 칼 바르트(Karl Barth)라는 이름을 맨 처음 내게 소개해 준 이들 가운데 한 사람으로, 바르트에 대해 극찬을 아끼지 않았고 그가 역사상 가장 위대한 복음주의자들 가운데 한 사람이라는 인상을 내게 심어 주었습니다. 왜 맥클리언이 이 일을 했을까요? 바르트가 옛 자유주의에 맹렬한 공격을 퍼부었기 때문입니다. 여러분은 그 문제가 얼마나 미묘한지를 잘 알 것입니다. 바르트는 자유주의를 훌륭하게 비판한 까닭에 참된 복음주의자로 평가를 받았습니다만, 물론 그는 한번도 복음주의자인 적이 없었습니다.

또 한 가지 예를 들어보겠습니다. 오늘날 영국에는 위대한 그리스도인이자 복음주의의 강력한 옹호자로 평가받는 사람이 있습니다. 말콤 머거리지(Malcolm Muggeridge)라는 저널리스트가 그 사람입니다. 복음주의자들의 컨퍼런스와 전도대회에 자주 초빙되는 인기 있는 강사입니다. 지난해 9월에 어떤 복음주의 부흥사가 런던에서 한 달간 전도대회를 개최할 계획을 세우고 주요 강사 중 한 사람을 바로 말콤 머거리지로 정했습니다. 왜 그랬을까요? 말콤 머거리지가 영국성공회를 너무나 시원하게 비판하고 주교들을 비롯한 성직자들의 행동을 조소할 뿐 아니라 이른바 국교회의 허위와 위선을 통렬히 공격했기 때문이었습니다. 그뿐 아니라 그는 현세적이고 냉소적인 태도로 인생을 살던 태도를 청산하고, 이제는 그리스도의 영이 필요하다고 말하면서 자신이 그리스도인이라고 주장하는 사람입니다. 그런데 지난번에 그가 펴낸 「재발견한 예수」(*Jesus Rediscovered*)라는 책을 읽어 본 나는, 말콤 머거리지는 아예 그리스도인이 아니라고 말하기를 주저하지 않았습니다.* 그는 동정녀 탄생을 믿지 않고, 기적들도 사실로 믿지 않습니다. 속죄도 믿지 않고, 문자적인 육체 부활도 믿지 않고, 성령의 인격성도, 기도도 믿지 않습니다. 그런데도 복음주의자들의 컨퍼런스와 집회에 강사로 초빙을 받고 있는 것입니다. 왜 이런 일이 생길까요? 그가 일반적인 태도만 변했을 뿐 그후에는 그리스도에 관해 모호하게 말하고 있기 때문입니다. 그는 사실상 신비주의자가 되었고, 자신의 신비주의적 견해를 기독교 신앙에 주입하고 있는 것입니다. 그러나 이렇게 느슨하게 풀어져 있는 시대에, 복음주의자들은 국교회의 자유주의를 공격하고 그리스도에 관해 말하는 사람에 대해서는 그가 실제로 믿는 바가 무엇인지 주의 깊게 확인하지 않은 채 섣불리 신뢰하는 경향이 있습니다.

  이 같은 예는 얼마든지 들 수 있습니다. 나는 C. S. 루이

---

* 머거리지는 훗날 로마 가톨릭 교회에 가입했다.

스(C. S. Lewis)가 복음주의자들 사이에 거의 수호성인이 되어 있는 현실을 발견합니다. 하지만 그는 복음주의인 적이 없었고, 자기 입으로도 자신이 복음주의자가 아니라고 분명히 말했습니다. 그 외에도 얼마든지 많은 사례들을 제시할 수 있습니다.

이렇게 느슨하고 모호한 개념, 궁극적으로 신앙을 배반하고 우리를 더 이상 복음주의가 아닌 자리로 인도하는 에큐메니컬 정신이 만들어 내는 경향이 복음주의의 두번째 위험 요소인 셈입니다.

교리가 아닌 성령

다음으로, 세번째 요인이 있습니다. 그것은 은사체험 운동으로 알려진 것으로서, 나는 이것이 오늘날 매우 심각한 현상이라고 봅니다. 여러분도 이것을 익히 알고 계시리라 믿습니다. 이것은 지난 15년 동안 우리를 압박해 온 대단히 주목할 만한 현상입니다. 미국에서 시작해 많은 나라들에 파급되었고, 오늘날은 대부분의 나라에 들어간 것으로 보입니다. 복음주의라는 주제를 다루면서 하필 은사체험 운동을 거론하는 이유가 무엇입니까? 이것은 우리의 용어들을 세심하게 정의해야 할 필요에 대한 자각을 희석시키는 경향이 있었고, 현재 그러한 영향을 끼치고 있기 때문입니다.

이 운동의 가르침은 '성령세례'를 제외한 나머지는 아무 것도 중요하지 않다는 것입니다. 그들은 간혹 방언을 자신들의 표준으로 삼기도 하지만, 대체로 '성령세례'를 내세웁니다. 이것 외에는 다른 어떤 것도 중요하지 않다는 것입니다! 이런 사고방식을 몇 가지 예로 설명할 수 있습니다. 은사체험 운동 지도자들 가운데 데이비드 두 플레시스(David Du Plessis)라는 사람이 쓴 책을 읽어 본 적이 있습니다. 이 책에서 그는, 정말 중요한 것은 신학이 아니라 은사체험이라고 진술합니다. 이 말로써 그가 전하고자 했던 의미가 무엇인지 짐작하기란 그다지 어려운 일이 아닙니다. 그는 지루하고 이론적이고 지식을 앞세운 정통신앙이란 헛것이며, 신앙에는 생명력이 있어야 한다고 말하고 싶었을 것입니다. 그 말은 사실입니다. 그러나 그는 체험을 제외한 다른 어떤 것도 중요하지 않으며 신학은 헛되다고 말하는 데까지 나감으로써, 신약성경의 진술과 교훈을 거스르는 매우 위태로운 자리에 서 있는 셈입니다.

혹시 「가톨릭 오순절주의」(*Catholic Pentecostalism*)라는 책을 읽어 본 적이 있습니까? 만약 읽으셨다면 그 책에도 유사한 내용이 실려 있는 것을 보았을 것입니다. 이것이 그 책의 주제입니다. 아주 명쾌한 책이지만, 복음주의의 입장에서 볼 때는 대단히 미묘하고 위험한 책입니다. 이 책의 논지는 "우리는 서로 다른 종교적·문화적 배경에 속한 사람들이다. 하지만 우리 모두는 성령세례를 받고 방언을 말하기 때문에 하나다"라는 말로 요약할 수 있습니다. 그들은 이것이 정말 중요한 것이라고 말합니다. 이 책은 교리를 수정해야 한다고 말하는 데까지 나가지 않습니다. 오히려 정반대의 것을 주장합니다. 과거에는 사람들이 성령세례를 받고 방언을 말하면 그동안 몸담았던 교회를 나와 오순절파 교회에 가입하는 위험이 있었지만, 지금은 그렇게 하는 것이 큰 잘못이라고 말합니다. 책의 내용을 조금 인용해 보겠습니다. "역사적으로 볼 때 대다수 오순절파 신자들은 감리교 출신들이었다. 감리교 신자들은 대체로 감정을 중시하고 지식은 중시하지 않는 사람들이었다. 그 결과 그들은 이 '성령세례'를 받을 때 과도한 감정과 흥분으로 그것을 표현한다. 그들의 문화적 배경이 그러하므로 그것은 하등 문제가 되지 않는다. 성령께서 그들에게 문화적 매개를 통해 임하시기 때문이다. 그러나 우리는 가톨릭 신자 곧 로마 가톨릭 신자들로서 거대한 교의와 교리체계를 가지고 있으며, 우리의 위대한 역사와 성례전적 가르침과 성례전적 삶을 가지고 있다. 우리는 '성령세례'를 받는다고 해서 우리가 소유하고 있는 모든 것을 포기하고 버릴 필요가 없으며, 다만 오순절파와 연합하되 그들의 문화적 배경만 버리면 된다. 그들의 문화적 배경은 우리에게 전혀 불필요하다. 우리는 우리의 문화적 환경에서 '성령세례'를 받으며, 우리가 성령세례에서 받아야 할 영향은 우리의 교리를 버리고 오순절파가 되는 데 있지 않다. 오히려 그 체험을 통해서 우리의 위대한 유산을 더욱 깊이 이해하고 감사해야 한다." '성령세례'를 받았다고 주장하는 이들 로마 가톨릭 신자들은 성령세례의 주된 효과가 성모 마리아를 더욱 친밀히 알고 사귐을 갖게 하는 것이라고 주장하는 데로 나아갑니다. 그 체험이 미사를 비롯한 로마 가톨릭 교회의 다양한 교리와 교의들에 대한 이해를 더욱 깊게 해준다고 말합니다.

이제 여러분은 이 모든 것이 어떤 결과를 초래했는지 분명히 알 수 있습니다. 결국 그것은 교리는 전혀 문제가 되지 않는다는 뜻입니다. 로마 가톨릭 교리를 믿어도 괜찮고, 감리교 신자여도 괜찮고, 혹은 내키지 않으면 아예 교리 없이 지낼 수도 있습니다. 그것은 하나도 중요하지 않습니다. 중요한 것은 '성령세례'를 체험하는 일입니다. 따라서 그들은 컨퍼런스나 종교집회에서 사실상 교리가 없어도 된다고 주장합니다. 그런데 여러분도 잘 아시는 것처럼, 이러한 견해는 믿음이 무엇인지 규명하고 기술하는 일의 중요성을 훼손합니다. 이러한 견해가 복음주의 진영에 들어오거나 이미 들어왔으며, 복음주의 신자들의 입지 전체를 위협하고 있습니다. 우리가 믿고 주장하는 바가 무엇인지를 재검토해 정확히 이해하는 일이 너무나 절박해졌습니다.

영국의 경우를 구체적으로 살펴보면, 성공회와 관련해 복음주의자들의 입장에 커다란 변화가 있었습니다. 이것은 내가 그들을 판단하는 것이 아니라 그들 자신이 말해 온 것입니다. 그들은 1967년에 켈레에서 컨퍼런스를 가진 뒤 보고서를 펴냈는데, 그 자료는 여러분이 직접 구해 읽을 수 있습니다. 그들은 자신들의 과거를 단죄했습니다. 자신들이 영국 국교회에서 좀더 능동적인 역할을 수행하지 못한 것을 반성했습니다. 에큐메니컬 운동에 참여해 적극적인 활동을 벌이지 못한 것을 반성하고 자신들의 정책을 변경했습니다. 그 결과 요즘은 성공회 내의 복음주의자들이 에큐메니컬 운동에 적극 참여하고 있으며, 다른 교단들 못지않게 복음주의와 전혀 무관한 단체들과 교회적으로 연합하는 일에 관심을 기울이고 있습니다.

다음으로, 복음주의에 대한 전통적인 견해를 훼손하고 과거에 주장되었던 우리의 확신을 뒤흔드는 또 한 가지 위험 요소가 있습니다.

복음주의 밖에서 교회일치 운동에 가하는 비판

오늘 여러분에게 말씀드리려는 마지막 위험 요소는 이것입니다. 오늘날 교회일치 운동에 반대하는 다양한 교단들과 교회 그룹들이 있지만, 그들이 모두 복음주의의 기반 위에서 그렇게 하는 것은 아닙니다. 예를 들면, 교회일치 운동이 주교제도를 교회의 본질적 요소로 인정했다는 이유 때문에 그 운동에 반대하는 사람들도 많습니다. 그들은 세계교회를 이루려면 주교들과 성직자 계급제도를 받아들여야 한다는 것을 압니다. 그 점은 누구나 인정합니다. 그런 이유 때문에 정치적·교회 제도적 근거에서 "우리는 절대로 주교들에게 복종하지 않는다"고 말하는 사람들이 많이 있습니다. 그런 이유에서 그들은 에큐메니컬 운동 바깥에 있습니다. 바로 거기에 우리의 문제가 있습니다. 우리도 에큐메니컬 운동 바깥에 있기 때문입니다. 따라서 그들은 우리에게 다가와 자신들과 우리는 하나라고 말하는 경향이 있습니다. 우리가 이 세상 교회에 속하지 않고 함께 광야에 있으니 서로 하나가 아니냐고 말합니다. 나는 그들로부터 그러한 접근을 여러 번 받았고, 그 과정에서 웃지 못할 경험도 했습니다. 내가 쓴 글이 소책자로 출판되었는데, 놀랍게도 영국의 어느 교단에 속한 유명한 교수가 그 책을 서평하면서 한껏 부풀려 칭찬해 놓았습니다. 도무지 믿어지지 않았습니다. 그 교수가 미치지 않았으면 내가 미친 것이고, 그것도 아니라면 둘 다 미친 것이 틀림없다는 생각이 들었습니다. 하지만 그가 내 책을 호의적으로 평가한 이유를 잘 살펴보니 이러했습니다. 그는 주교제도를 신봉할 수 없다는 이유로 에큐메니컬 운동을 비판하는 사람인데, 내게 환심을 사기 위해 내 책에서 자신이 칭찬할 수 있는 내용은 다 끄집어내 칭찬하고 나머지에 대해서는 언급하지 않았던 것입니다. 여러분도 아시듯이 여기에 아주 교묘한 위험이 있습니다. 그것은 함께 힘을 합쳐 에큐메니컬 운동에 대항하자는 것인데, 우리는 그렇게 해서는 안됩니다. 왜 그렇습니까? 그들은 복음주의자들이 아니라 자유주의자들이기 때문입니다. 이런 점도 우리가 우리의 입장을 신중하게 규명해야 할 이유를 일깨워 줍니다.

한 가지를 더 말씀드리고 오늘 강의를 마치고자 합니다. 과거의 신자들이 교회에 관해 말해 놓은 내용은 오늘날에도 참됩니다. 과거에 교회가 개혁된 사실이 있더라도 교회는 오늘도 끊임없이 개혁되어야 합니다. **항상 개혁**(*semper reformanda*)되어야 합니다! 교회는 언제나 하나님의 말씀 아래 있습니다. 마땅히 그래야 합니다. 교회를 반드시 그 자리에 두어야 합니다. 교회가 바르게 출발했다고 해서 앞으로도 항상 그럴 것이라고 생각해서는 안됩니다. 신약시대의 교회들도 그렇게 생각하지 않았고, 그후의 교회들도 그렇게 생각하지 않았습니다. 교회가 하나님의 말씀으로 끊임없이 개혁되지 않으면 얼마 못 가서 사뭇 다른 상태로 변질되고 맙니다. 교회를 언제나 말씀 아래 두어야 합니다. 말씀 아래서 국제 복음주의 학생회 같은 운동을 꾸준히 유지해 나가야 합니다. **항상 개혁!** 항상 개혁을 하되 복음주의라는 표준으로 이 일을 해야 합니다. 모든 세대 스스로가 이것을 조사하고 점검해야 합니다. 여러분은 전통만으로는 이러한 것을 받을 수 없습니다. 예나 지금이나 이런 위험은 항상 도사리고 있습니다. 사람들은 자신들이 복음주의자로 자라났고 지금도 복음주의자라고 말합니다. 여러분도 그렇습니까? 우리는 스스로에게 이 질문을 던져야 하며, 과거에 작성된 복음주의에 대한 정의들로 안주해서는 안됩니다. 모든 시대는 그 시대만의 당면 문제들을 갖고 있으며, 위대한 신앙고백서들과 신조들도 한결같이 당대에 대두된 구체적인 문제나 상황에 대처하기 위해 작성되었기 때문입니다. 따라서 복음주의라는 용어를 성경과 역사에 비추어, 특히 이 시대에 우리를 에워싸고 있는 위험한 경향들에 비추어 새롭게 살피는 것이 우리 세대에 맡겨진 임무입니다.

이상과 같은 개괄적인 서론으로 오늘 아침강의를 마치고자 합니다. 내일 아침에도 강의가 계속되는데, "오늘날 우리 세대에 복음주의란 무엇인가?"라는 질문에 답할 수 있는 구체적인 원리들을 여러분에게 제시할 수 있기를 기대합니다. 함께 기도하겠습니다.

주 우리 하나님, 저희가 주님 앞에 다시 모여 주의 백성들 가운데 있게 하신 은혜를 감사드립니다. 저희만 남겨 두셨다면 저희가 바깥 세상에 있을 뿐 아니라 죄와 사망의 수렁에 빠져 있었을 것이나, 이 자리에 있게 된 것이 모두 주님의 은혜인 줄 저희가 압니다. 우리가 우리 된 것이 주님의 은혜인 줄 알고 감사를 드리며, 이런 주제에 관심과 흥미를 갖게 된 것을 감사드립니다. 하나님, 항상 저희를 돌아보시고 저희로 믿음을 지키고 관리하는 자들로 삼아 주시니 그 놀라운 은혜에 또한 감사를 드립니다. 주님, 저희가 간구하옵는 것은 저희에게 지혜와 깨달음을 주시고 크게 경성케 하셔서 이 세상을 신중하게 살아갈 수 있도록 인도해 주시옵소서. 이 세대가 참으로 악하기 때문입니다. 이 집회를 계속해서 살피시고 성령으로 인도하셔서, 저희 모두가 주님의 지극히 거룩한 말씀과 그 교훈 앞에 복종할 수 있도록 도와주시옵소서. 그 일로 인하여 저희에게 복을 주시고 일정이 끝나는 날까지 저희와 항상 함께해 주시옵소서. 하나님의 귀하신 아들이요 복되신 우리 주와, 구주시며 교회의 위대하신 주이신 예수 그리스도의 이름으로 기도합니다. 아멘.

어제 강의에서는, 우리가 유다가 처했던 상황과 비슷한 상황에 처해 있다고 말씀드렸습니다. 유다는 기독교 신앙을 광범위하고 일반적인 방법으로 강해할 계획이 있었지만 현실적으로 닥쳐 온 상황 때문에 계획을 포기하고, 대신에 성도들에게 단번에 그리고 영원히 주신 믿음의 도를 위해 힘써 싸우라고 격려하지 않을 수 없었습니다.

내 강의의 주제는, 오늘날 우리도 비슷한 상황에 처해 있다는 것과 따라서 우리가 처한 상황을 점검하고, 과연 복음주의자로 이 세상을 살아간다는 것이 무슨 뜻인지 확고히 깨닫지 않으면 안된다는 것입니다. 우리가 지금 논하는 주제는 "그리스도인이란 무엇인가?"가 아니라 "복음주의자란 무엇인가?" 하는 것입니다. 그것은 범위를 제한하는 용어입니다. 거듭 강조하지만, 우리가 처한 상황이 매우 미묘하기 때문에 신앙을 개괄적으로 정의하는 것에 더 이상 안주해 있을 수 없습니다. 이제는 그 정도로는 충분하지 않습니다. 좀더 구체적이어야 합니다. 왜냐하면 앞서 말한 것과 같은 변화들이 침투해 들어올 때, 처음에는 신앙의 주변부에 교묘히 들어와 자리를 잡은 다음 곧 범위를 점차 확대해 중심으로 파고들어 오기 때문입니다.

우리는 사람들이 신앙 혹은 신조의 기본적인 내용에 기꺼이 동의하면서도 동시에 '심중 유보'(mental reservation, 진술이나 선서에서 중대한 관계 내용을 숨기는 일—옮긴이)를 하려 한다는 사실을 익히 알고 있습니다. 그것은 새로운 사실이 아닙니다. 결국 그들이 신앙의 기본 도리 가운데 가장 본질적인 항목 몇 가지를 부정한다는 뜻입니다. 이런 점에서도 우리는 구체적이고 신중해야 할 필요가 있습니다.

동시에 단순히 정통신앙이 무엇인지를 규명하는 데 그쳐서는 안된다는 점을 기억해야 합니다. 자칫하면 죽은 정통신앙을 가질 수 있습니다. 나는 신조 진술을 넘어서는 방식으로 복음주의를 규명하는 데 관심이 있습니다. 복음주의를 교리적 이단과 대립하여 규명하는 것이 중요하듯이, 개신교의 특정 형태 혹은 심지어 스콜라주의적 개혁주의와 대립해 규명하는 것도 중요한 일입니다.

첫번째 지침 원리/복음을 보존함

우리가 이 강의를 통해 하고자 하는 것이 단순히 전통을 보존하려는 것이 아님도 이해해야 합니다. 전통이란 좋은 것일 수 있습니다. 그러나 그것이 전통주의로 변질되면 많은 폐단이 생깁니다. 우리는 어떤 공인된 입장을 견지하거나 특정 전통을 보존하기 위해 주력하는 데 그쳐서는 안됩니다. 그것이 우리가 얻고자 하는 바가 아닙니다. 논쟁을 위한 논쟁에 빠지는 것은 더 더욱 어리석은 일입니다.

더욱이 분리 같은 것에 관심을 가져서도 안됩니다. 내가 드리고 싶은 말씀은, 사람을 배제하지 말고 될 수 있는 대로 많은 사람들을 끌어안되 주의하여 우리의 원칙과 기준을 견지하려는 데 목표를 두어야 한다는 것입니다.

어제도 말씀드렸고 오늘도 다시 말씀드리지만, 복음주의 그리스도인은 일치에 큰 관심을 기울여야 합니다. 사실 누구보다도 복음주의자야말로 성령으로 말미암는 진리와 화평의 일치에 큰 관심을 가져야 합니다. 이러한 일치가 그 사람의 모든 태도와 관점의 일부이기 때문입니다.

우리가 믿음을 정의하고 그것을 위해 싸워야 할 진정한 이유는, 그것이 참 복음을 지키기 위해 꼭 필요한 일이라고 믿기 때문입니다. 그런 이유에서 나는 역사적 사고의 필요성을 크게 느낍니다. 믿음을 정의하고 그것을 견지하기 위한 싸움을 강조하지 않게 되면 조만간 참된 복음도 사라지고, 설교도 무의미해지고, 교회가 더 이상 전도를 통해 사람들을 회심시키는 일을 그치게 된다는 사실을 역사는 아주 분명하게 보여줍니다.

믿음을 정의하고 그것을 위해 투쟁하는 것이 우리의 목적입니다. 우리는 단지 논쟁하는 데 관심이 있는 것이 아닙니다. 앞서 말씀드린 대로, 우리의 의도는 매우 실제적인 것입니다. 우리는 사람들의 영혼을 얻는 데 관심이 있습니다. 우리는 세상에 구원의 복음을 전파하여 사람들을 어둠에서 빛으로 인도해야 합니다. 그렇기 때문에 진리에 각별한 관심을 가져야 하며, 항상 진리를 위해 싸워야 하는 것입니다.

그렇다면 어떤 방법으로 복음주의를 정의해야 할까요? 물론 그 방법은 성경적이어야 합니다. 종교개혁의 위대한 슬로건인 **오직 성경**(*sola scriptura*)이 항상 참된 복음주의자들의 슬로건이었습니다. 복음주의자는 성경과 더불어 출발합니다. 그는 성경의 사람입니다. 그는 '그 책'(the Bible)의 사람입니다. 성경이 그의 유일한 권위이며, 그는 모든 일에서 성경에 복종합니다. 이 점에 관해서는 나중에 자세히 논하겠지만, 서두에서 미리 강조해 둘 필요가 있습니다. 여러분도 아시는 것처럼 이것이야말로 이미 분기점입니다. 다른 이들은 철학이나 좀더 일반적인 원칙을 가지고 출발하지만, 복음주의자는 항상 성경을 가지고 출발합니다.

두번째 지침 원리/역사에서 배움

둘째로, 복음주의를 정의하는 방법과 관련해 다시 한번 강조하고 싶은 것이 있습니다. 그것은 우리의 방법이 역사적이기도 해야 한다는 것입니다. 오늘날 많은 사람들에게는 이 점이 이해하기 어려운 문제라는 것을 알지만, 우리는 이 세상을 맨 처음 살아가는 사람들이 아닙니다. 우리 시대에 이 사실을 자주 언급할 필요가 있습니다. 우리보다 먼저 세상을 살았던 위대한 시대의 사람들, 위대한 그리스도인들이 있습니다. 비록 우리는 원자를 쪼갤 정도로 과학기술이 발달한 시대에 살지만, 우리 자신은 과거를 살다 간 사람들과 크게 다르지 않습니다. 따라서 우리가 역사에서 배운다는 것은 중요한 일입니다. 역사를 존중하지 않는 사람은 미련한 사람입니다. 그는 앞서 간 사람들이 범한 오류들을 반복하면서 자신이 미련한 사람임을 곧 깨닫게 될 것입니다.

우리는 역사에 관심이 있습니다. 그렇다고 역사에 얽매여서는 안됩니다. 역사에 노예가 되어서는 안된다는 것입니다. 이런 것들이 항상 우리를 괴롭히는 위험 요소들입니다. 어떤 사람들은 역사 전체를 무시합니다. 그들은 모든 것을 새롭게 취하고 매사를 새롭게 시작합니다. 과연 이 시대는 운동들의 시대라고 할 만합니다. 오늘날 대학 안에는 과거의 것은 모두 폐기하고 정치와 사회와 경제와 그 밖의 모든 분야에서 새롭게 출발하자고 독려하는 사람들이 있습니다. 이러한 태도가 종교 분야에도 침투하는 경향이 있지만, 우리는 그것을 단호히 물리쳐야 합니다.

동시에 이 세상에는 그 어떤 것도 완전하게 된 적이 없다는 사실 한편으로, 종교개혁과 같이 과거에 발생한 위대한 사건들로 인해 하나님께 감사를 드리면서도 그런 사건들에 예속되어서는 안된다는 사실도 똑같이 중요합니다. 과거의 위대한 사건들에 예속되기 때문에 스콜라주의와 메마른 주지주의가 발생하는 것입니다.

따라서 우리는 역사를 존중하고 역사에서 배우려는 자세를 가지되, 그릇된 의미에서 역사에 예속되어서는 안됩니다. 이것이 두번째 지침이 되는 원리입니다.

세번째 지침 원리 / 부정적인 점들을 견지함

세번째 원리는 긍정적인 점들뿐 아니라 부정적인 점들도 중요하다는 것입니다. 이것은 내게는 매우 중요한 문제입니다. 과거의 입장을 고수하는 복음주의자들과 오늘날 그것을 탈피하려는 사람들이 벌이는 논쟁에서 가장 중요한 쟁점이라고 아니할 수 없습니다.

신자가 복음주의자이기를 포기하는 첫번째 징후의 하나는, 부정적인 점에 관심을 갖지 않고 항상 긍정적인 점만 강조하는 것입니다. 현저한 예를 하나 들어보겠습니다. 여러분 대부분은 그 이름을 들어 보고 저서들도 읽어 보았을 사람의 이야기입니다. 그 사람이 최근에 펴낸 책에 이렇게 썼습니다. "사람이 복음주의자인지의 여부는 여섯 가지에 의해 판별된다." 이렇게 말하고는 그 여섯 가지를 열거합니다. 그가 열거하는 판단 기준은 사람이 무엇에 **반대하는지**보다 무엇에 **찬성하는지**에 치중해 있습니다. 그는 계속해서 이렇게 말합니다. "사람이 무엇에 반대하는가 혹은 반대하지 않는가 하는 것은 복잡하거나 게으르거나 일관성이 없는 복음주의자로 비치게 할 뿐이다. 하지만 믿음의 원리들을 기독교 신앙의 토대로 견지하고 있는 동안에는 스스로를 복음주의자라고 부를 권리를 부정할 수 없다."

바로 이 점이 내가 강력하게 비판하고자 하는 진술입니다. 나는 이 진술이 매우 잘못되었다고 생각합니다. 사람이 항상 긍정적이어야 하고, 사람을 평가할 때 그가 찬성하는 것뿐 아니라 반대하는 것을 기준으로 평가해서는 안된다는 주장은 그 교묘한 위험성을 내포하고 있는 것입니다. 만약 그 주장을 방치한다면 갈라디아인들이 이설(異說)에 빠졌던 것과 같은 위험성이 재현될 수 있는 문을 열어 놓는 셈입니다. 여러분은 갈라디아인들이 어떠한 이설에 빠졌으며, 사도가 그들의 이설을 어떻게 처리해야 했는지를 기억할 것입니다. 그것은 신약성경 여러 곳에 등장하는 유대주의에 관한 총체적 문제였습니다. 갈라디아인들이 빠졌던 이설이 무엇이었습니까? 갈라디아인들을 그릇된 길로 인도한 사람들은 복음을 부인하지 않았습니다. 그들은 아무것도 부인하지 않았습니다. 그들이 행한 것은 할례를 **덧붙이고** 그것이 구원에 본질적이라고 주장한 것뿐입니다. 복음을 믿는 것이 당연하며, 그들은 이 모든 긍정적인 내용들이 지극히 정당하다고 말했습니다. 그러나 그렇게 해놓고는, 자신들의 주장을 덧붙인 것입니다. 그러므로 복음주의자는 부정적이고 비판적인 시각을 가지고 "이것을 믿어서는 안되고 저것을 해서는 안된다"고 말할 수 있어야 합니다. 이것이 중요합니다.

역사는 이 점을 이해하는 데 도움이 됩니다. 가장 현저하게 여겨지는 사례를 소개하고자 합니다. 여러분은 청교도에 관해 들어보셨을 것입니다. 청교도는 개신교 종교개혁이 일어난 직후인 16세기에 영국에서 등장했습니다. 청교도는 개신교의 한 부분이었습니다. 종교개혁이 영국에 전파되면서 그 나라의 교회는 개신교 교회가 되었습니다. 청교도들은 누구였습니까? 그들은 영국 교회가 충분히 개혁되지 않았다고 주장한 사람들입니다. 그들은 교회가 교리에서는 크게 개혁되었으나 삶에서는 그렇지 못하다고 주장했습니다. 교리만 개혁하고 삶은 개혁하지 않는 것은 표리부동한 행위이며, 몇몇 관행은 개혁된 교리를 전면 부정하는 것이라고 주장했습니다. 그들은 종교개혁이 교리뿐 아니라 삶에서도 이루어지기를 원했습니다.

청교도들과 영국 교회는 교리에 대해서는 모두 동의했습니다. 그러나 양자간의 차이는 부정적인 점들과 관련해 발생했습니다. 당대의 역사에서 부정적인 점들이 그토록 중요한 쟁점으로 부각된 이유가 거기 있습니다. 이처럼 부정적인 문제들이 복음주의를 정의하는 데 중요한 위치를 차지한다는 것을 유념해야 합니다.

네번째 지침 원리/빼지도 말고 더하지도 말아야

네번째 일반적인 원리는 이것입니다. 한편으로는 사람들이 진리에서 무엇을 빼는 행위와, 다른 한편으로는 무엇을 더

하는 행위를 중대한 일로 간주해야 합니다.

오랜 세월을 지켜보면서, 교인들이 진리에서 무엇을 빼는 행위를 파악하는 데 매우 더디다는 사실을 발견했습니다. 목회자가 복음적인지 아닌지를 식별할 수 있는 중요한 척도는, 그가 설교시간에 무엇을 전하지 않는가를 예의 주시하는 것임을 나는 거의 결론처럼 간직하게 되었습니다. 교인들이 어떤 사람의 설교를 듣고 잘못된 길로 이끌려 가면서도 그와 그의 설교를 훌륭하다고 생각하는 경우를 나는 자주 보았습니다. 그가 잘못된 내용을 전하지 않으므로 모든 것이 다 옳게만 보였던 것입니다. 그는 잘못된 이야기를 하나도 하지 않았지만, 문제는 그가 복음주의자라면 반드시 말해야 할 내용들을 말하지 않았다는 데 있습니다. 그런 내용들은 그냥 방치해 둔 것입니다.

내가 아는 어느 목사님이 넬 페레(Nels Ferré)라는 미국 신학교수의 강의를 들으러 간 적이 있습니다. 이 목사님은 복음주의자였으나 복음주의를 썩 잘 아는 분은 아니었습니다. 이분은 넬 페레의 강의를 듣고서 그에게 완전히 매료되었습니다. 그리고는 자기 교회로 돌아가 자신이 들었던 강의를 감동적인 표현을 사용해 가면서 소개했습니다. 무슨 일이 벌어진 것입니까? 넬 페레가 강의시간에 자신이 믿고 있는 바를 다 말하지 않은 것입니다. 그 자리에서 그가 말한 내용은 다 옳은 것이었습니다. 다만 복음주의의 전형적인 교리들을 말하지 않았고, 자신이 품고 있던 이단적 사상 역시 전혀 언급하지 않았을 뿐입니다.

이렇게 진리 전체를 전하지 않고 일부를 빼버린 채 전하는 것이 오늘날 대단히 심각한 문제라는 데에는 의심의 여지가 없습니다. 아무리 성경을 강조하고 십자가에 대해 많은 말을 할지라도, 성경과 십자가에 관해서 **무엇을 말하지 않는지** 주목해 봐야 합니다. 무엇을 말하는 사실만 가지고는 충분하지 않습니다. 설교자가 말하는 것뿐 아니라 말하지 않는 것에도 주의를 기울여야 하는 것입니다.

그런가 하면, 진리에 무엇을 더하는 행위도 주시해야 합니다. 이 문제는 부정적인 것들의 중요성을 다루면서 말한 바 있습니다. 최근에 이 점을 현저하게 보여주는 사례를 발견했습니다. 영국에 극단적인 영국 가톨릭주의자(성공회의 고교회파—옮긴이)로 알려진 주교가 있습니다. 그가 최근에 영국 월싱엄에 있는 성모 성소라는 가톨릭 성소의 전속 성직자가 되었습니다. 그는 지금은 극단적인 영국 가톨릭주의자이지만 학창시절에는 철저한 복음주의자였습니다. 그가 복음주의자인 내 친구에게 이렇게 말했다고 합니다. "당신도 잘 알다시피 나는 학창시절에 믿었던 것에서 어느 것도 포기한 것이 없습니다. 다만 믿음의 내용을 덧붙였을 뿐입니다."

최근 복음주의자들 가운데 많은 사람들은 우리가 몇 가지 점에서 자유주의보다 오히려 로마 가톨릭에 더 가깝다고 말해 왔습니다. 로마 가톨릭은 어쨌든 하나님의 계심과 그리스도의 신성, 동정녀 탄생, 그리스도의 한 위격에 존재하는 두 본성, 기적들, 속죄, 문자적·육체적 부활, 성령의 위격(person)을 믿기 때문입니다. 이러한 진리들에 대해서는 로마 가톨릭 신자들이 복음주의자들에 가깝다는 것을 항상 확인해 왔고, 어떤 때는 로마 가톨릭 저자들이 쓴 책들을 읽고 나면 우리가 믿는 바를 그들도 믿기 때문에 신앙이 더욱 돈독해지는 것을 발견하기도 합니다. 자유주의자들과 현대주의자들은 이 모든 것을 부정하는 점에서 큰 대조를 보입니다. 내가 이 말씀을 드리는 이유는, 로마 가톨릭 교회도 같은 문제, 곧 우리가 믿는 바에 무엇을 빼거나 더하는 데 있음을 말씀드리기 위해서입니다.

따라서 요한계시록에 기록된 경고를 경각심을 가지고 기억해야 합니다. 계시록은 그 책에 기록된 내용에서 아무것도 더하거나 빼지 말라고 명령하고 있습니다. 이 명령은 성경의 다른 모든 책에도 동일하게 적용됩니다. 우리가 참 신앙으로 간주하는 내용에 대해서 사람이 무엇을 말하지 않고 무엇을 덧붙이는지 이 두 가지를 항상 주시할 필요가 있습니다.

이러한 사항들이 복음주의가 무엇인지를 정의하려고 할 때 지침으로 삼아야 할 일반적인 원리들입니다. 우리가 처한 상황이 워낙 미묘하기 때문에 이러한 접근법이 꼭 필요하다는 점을 앞에서 이미 강조했다고 생각합니다. 만약 신앙의 항목들을 간략하게 적은 다음 그것을 어떤 개인에게 제시하면서 그것을 받아들이고 동의할 수 있는지 묻는다면, 그 사람은 여러분과 자기 자신을 그릇된 길로 인도할 수 있습니다. 왜냐하면 여러분은 그에게 더 구체적인 질문들을 하지 않았기 때문입니다. 여러분은 그 사람이 말하지 않은 내용을 유념해서 살피지 않고, 여러분이 믿음의 기본으로 간직하고 있는 것에 무엇을 덧붙이는지 발견하지 않은 것입니다.

이러한 지침이 되는 원리들을 사용해 이제는 복음주의가 무엇인지를 정의해 보겠습니다. 이 점에 대해 내가 하고 싶은 것은 복음주의의 일반적 특성들을 다루는 것입니다. 이 일은 우리가 지금까지 해오지 않은 것이지만, 나는 복음주의의 **일반적 특성**들이 복음주의자가 동의하는 특정한 교리들 못지않게 중요하다고 믿습니다. 내가 아주 중요하게 여기는 정서가 있습니다. 나는 나이가 들어갈수록, 사람이 생각하는 방식이 그가 실제로 말하는 것 못지않게 그 사람에 관해 많은 것을 말해 준다는 생각이 듭니다. 그 사람의 사고방식 전체가 지극히 중요한 의미를 갖습니다. 따라서 여기서 복음주의자의 몇 가지 일반적인 특성들을 집중해서 살펴보고자 합니다.

복음주의자의 가치 위계

무엇보다도 복음주의자는 성경에 온전히 복종하는 사람입니다. 존 웨슬리(John Wesley)는 자신이 "한 권의 책에 속한 사람"이 되었다고 말했습니다. 이 말은 모든 복음주의자들에게 해당됩니다. 복음주의자는 한 권의 책에 속한 사람입니다. 그 책과 더불어 시작하고 그 책에 복종하고 자신에게 그 책이 권위를 갖습니다. 복음주의자는 성경 이외의 다른 어떤 권위로부터 출발하지 않습니다. 자신을 온전히 성경의 가르침에 제한하고 복종시킵니다. 물론 이 점에 관해서는 나중에 좀더 적당한 자리에서 심도 있게 다룰 것입니다. 여기서는 일반적인 특성들만 말하고자 합니다.

복음주의자의 또 다른 특징은 '복음적'이라는 용어를 접미사가 아니라 **접두사**로 사용한다는 점입니다. 여기서 다시 한번 언급하지만, 나는 이것이 앞으로 갈수록 중요해질 문제라고 생각합니다. 내가 말하고자 하는 것은, 복음주의의 **첫번째** 요소는 그가 복음적이라는 것입니다. 그가 속한 특정 교단은 부차적인 요소입니다. 달리 말하면, 복음적인 침례교 신자에 관해 말하는 것과 침례교에 속한 복음주의자에 관해 말하는 것 사이에는 현저한 차이가 있는 것입니다. 복음주의자가 침례교 신자일 수도 있고 장로교 신자일 수도 있고 성공회 신자일 수도 있지만, 중요한 것은 그가 복음주의자라는 사실입니다.

한 가지 예를 들겠습니다. 얼마 전에 영국에서는 어제 강의 때 언급한 켈레 컨퍼런스로 인해 큰 논쟁이 벌어졌습니다. 오스트레일리아에서 대주교로 활동한 적이 있는 어떤 사람이 신문사에 편지를 보내, 자신은 복음주의자이기에 앞서 성공회 신자임을 기꺼이 인정한다고 말했습니다. 그의 첫번째이자 근본적이고 궁극적인 충성의 대상은 복음주의가 아니라 성공회였습니다. "나는 복음주의자이지만, 그 전에 먼저 성공회 신자다"라고 그는 말했습니다. 이렇게 말하는 사람은 자신이 과연 복음주의자인지 의심받을 만한 말을 한 것이라고 나는 주장합니다. 무엇보다도 복음주의가 먼저여야 합니다! 그 밖의 다른 차이는 그 다음에 와야 할 어떤 것입니다.

깨어 있음

복음주의자의 또 다른 특징은 **항상 깨어 있는** 사람이라는 것입니다. 그러나 이런 말을 할 때 아주 주의해야 합니다. 깨어 있는 방식에도 바른 것이 있고 그릇된 것이 있기 때문입니다. 복음주의자는 항상 깨어 있는 사람입니다. 그가 항상 깨어 있는 이유는, 물론 성경이 그렇게 하도록 가르치기 때문입니다.

"깨어서 기도하라"고 우리 주님께서 말씀하십니다. 사도 바울도 에베소 교회 장로들에게 고별사를 하면서 같은 당부를 했습니다. 자신이 떠난 뒤에 있을 일에 관해 이렇게 경고합니다. "너희는 자기를 위하여 또는 온 양떼를 위하여 삼가라. 성령이 저들 가운데 너희로 감독자를 삼고 하나님이 자기 피로 사신 교회를 치게 하셨느니라. 내가 떠난 후에 흉악한 이리가 너희에게 들어와서 그 양떼를 아끼지 아니하며"(행 20:28-29). 이처럼 사도는 그들에게 깨어 있을 것을 당부합니다.

고린도전서 16장에도 같은 교훈이 인상적으로 기록되어 있습니다. 사도는 고린도 교회를 분열시키던 쟁점들을 하나하나 다룬 뒤에 다음과 같은 말씀으로 매듭을 짓습니다. "깨어 믿음에 굳게 서서 남자답게 강건하여라. 너희 모든 일을 사랑으로 행하라"(고전 16:13-14). 깨어서 주의하라는 당부입니다. 그리스도인들인 우리는 항상 적들의 한복판에 있습니다. "우리의 씨름은 혈과 육에 대한 것이 아니요 정사와 권세와 이 어두움의 세상 주관자들과 하늘에 있는 악의 영들에게 대함이라"(엡 6:12).

신약성경은 곳곳에서 같은 당부를 합니다. 바울 사도는 디모데에게 훈계하면서 끊임없이 같은 당부를 합니다. 디모데전서 6:3-4에서 이렇게 말합니다. "누구든지 다른 교훈을 하며 바른 말 곧 우리 주 예수 그리스도의 말씀과 경건에 관한 교훈에 착념치 아니하면 저는 교만하여 아무것도 알지 못하고 변론과 언쟁을 좋아하는 자니 이로써 투기와 분쟁과 훼방과 악한 생각이 나며 마음이 부패하여지고 진리를 잃어버려 경건을 이익의 재료로 생각하는 자들의 다툼이 일어나

느니라." 신약성경은 이렇게 깨어서 주의하라는 권면의 말씀으로 가득합니다.

요한은 많은 적그리스도와 거짓 교사들에게 도전을 받고 있던 그리스도인들에게 "너희는 거룩하신 자에게서 기름부음을 받고 모든 것을 아느니라"(요일 2:20)고 위로하면서, 항상 분별하고 시험하고 깨어 있으라고 당부합니다. 사람이 그렇게 깨어 있지 않으면 더 이상 복음주의자라고 말할 수 없습니다. "이것이 뭐가 문제인가? 걱정을 사서 할 필요가 없다. 우리는 모두 그리스도인들이니 서로 마음을 합하자." 이렇게 말하는 사람은 깨어 있는 것이 아니며, 이미 성경적 태도에서 떠나 있는 것입니다.

이성을 신뢰하지 않음

복음주의자의 또 한 가지 특징을 살펴보겠습니다. 이것은 아주 큰 쟁점이 될 수도 있는 것이지만, 나의 평가로는 너무나 중요한 것입니다. 교리적으로 냉철하게 말하면, 복음주의자는 **이성을 신뢰하지 않되 특히 철학 형식을 취한 이성을 신뢰하지 않습니다**. 교회사를 높은 관점에서 내려다보면 이 점이 아주 명확하게 보입니다. 그리고 교회사 속으로 깊이

들어가 살펴볼수록 더욱 명쾌해집니다. 모든 개혁은 어김없이 이성과 철학을 불신하는 태도를 취했습니다. 최초의 예가 초기 서방교회 대신학자의 한 사람인 테르툴리아누스(Tertullianus)입니다. 그는 아주 인상적인 말로 그러한 불신을 표현합니다. "예루살렘이 아테네와 무슨 상관이 있는가? 성전이 포치(옛 아테네에서 제논이 제자들을 모아 철학을 가르친 복도)나 아카데미(플라톤이 철학을 강의한 아테네 부근의 동산—옮긴이)와 무슨 상관이 있는가?" 여러분도 아시는 것처럼, 그는 몬타누스파(Montanist)에 합류했습니다. 그 집단은 그리스 철학이 교회에 침투했을 때 그것에 굴복하던 경향에 항거한 사람들입니다.

나는 현 상황에서 이 점보다 더 중요한 것이 없다는 말씀을 드립니다. 철학은 항상 교회가 곁길로 빗나가게 만든 원인이었습니다. 철학은 궁극적으로 인간의 이성과 이해를 신뢰하기 때문입니다. 철학자는 모든 진리를 포괄하고 싶어합니다. 모든 것을 범주로 구분하여 설명하고 싶어합니다. 이러한 이유 때문에 이 시대를 살아가야 하는 우리에게 고린도전서 1:17-4:21의 본문, 특히 2장의 주제만큼 중요한 본문이 없습니다. 이 본문에서 바울 사도가 책망하여 바로잡고자 하는 것은, 고린도 교회가 신앙을 인간의 지혜와 철학으로 되돌려 놓기 시작함으로써 잘못된 방향으로 나아가고 있다는 것입니다. 그의 논지는 그것이 복음의 도리와 철저히 대립됨을 입증하려는 것입니다. 사도는 자신이 그리스도를 위하여 어리석은 자가 되었다고 말합니다. "아무도 자기를 속이지 말라. 너희 중에 누구든지 이 세상에서 지혜 있는 줄로 생각하거든 미련한 자가 되어라. 그리하여야 지혜로운 자가 되리라"(고전 3:18). 여기서 '미련하다'는 말은 철학과 인간의 지혜를 신뢰하지 않는다는 뜻입니다. 이것이야말로 가장 중요한 문제입니다.

마르틴 루터는 '저 늙은 마녀, 이성 부인(Lady Reason)'이라는 표현을 자주 사용했는데, 그의 저서들을 두루 읽어 본 분들이라면 이성이 늙은 마녀라는 점을 그가 얼마나 일관되게 강조했는지 잘 아실 것입니다. 물론 루터가 이 점에 관심을 가진 이유는 이것이 로마 교회에 대한 비판의 본질이었기 때문입니다. 오늘날에도 로마 가톨릭 교회가 우리를 난처하게 만드는 것은, 그들이 성경을 믿는다고 주장하는 것입니다. 그들의 말을 사실로 인정하고 그들이 조금도 거짓 없이 그 말을 했다는 점을 인정한다고 합시다. 그럴 경우 무엇이 우리를 난처하게 하는 문제입니까? 그것은 그들이 성경에 대한 신앙에 아리스토텔레스 철학을 보탰고, 궁극적으로 성경을 아리스토텔레스 철학의 잣대로 해석한다는 데 있습니다. 그것이 토마스 아퀴나스의 「신학대전」의 큰 특징입니다. 이렇게 된 원인은 참된 복음이 완전히 가려졌기 때문입니다. 따라서 루터가 이 문제를 그토록 강하게 비판해야만 했던 것은 전혀 뜻밖의 일이 아니었습니다. 그리고 그 문제는 루터 한 사람에게만 국한되는 일도 아닙니다.

앞에서 영국의 청교도에 관해 언급했는데, 그들은 이 점을 입증해 주는 매우 좋은 예입니다. 청교도와 영국 국교회가 벌인 논쟁의 화두는 주로 이성의 지위에 관한 것이었습니다. 리처드 후커(Richard Hooker)라는 사람이 있었습니다. 여러 면에서 확고한 영국 국교회주의자였습니다. 그는 '자연적 이성'(natural reason)이라는 용어를 도입했고, 교회를 이끌고 그 밖의 많은 일들을 해나가는 데 자연적 이성으로 결정해 나갈 수 있다고 주장했습니다. 이것이 진정한 복음주의자들인 청교도들과, 비록 개신교이기는 하나 복음적이지 않았던 영국 국교회의 사람들 사이에 벌어진 논쟁의 핵심이었습니다. 한마디로 그 논쟁은 이성의 지위에 관한 것이었습니다.

우리가 무슨 뜻으로 이 말을 하는지 명확히 규명하고 지나가야 합니다. 나의 이런 진술은 오해되기 쉽기 때문입니다. 앞서 말씀드린 대로, 나는 고린도전서 2장의 가르침을 근거로 그 말을 한 것입니다. 그 본문에서 사도는 이렇게 말합니다. "우리가 세상의 영을 받지 아니하고 오직 하나님께로 온 영을 받았으니 이는 우리로 하여금 하나님께서 우리에게 은혜로 주신 것들을 알게 하려 하심이라…육에 속한 사람은 하나님의 성령의 일을 받지 아니하나니 저희에게는 미련하게 보임이요 또 깨닫지도 못하나니 이런 일은 영적으로라야 분변함이니라"(고전 2:12, 14). 우리에게 계시된 이 말씀의 내용은, 오직 성령께서만 우리에게 받을 능력을 주신다는 것입니다. "신령한 자는 모든 것을 판단하나 자기는 아무에게도 판단을 받지 아니하느니라"(고전 2:15). 나는 또한 마태복음 11:25-26에 인용된 우리 주님의 말씀을 생각하고 있습니다. "그때에 예수께서 대답하여 가라사대 천지의 주재이신 아버지여. 이것을 지혜롭고 슬기 있는 자들에게는 숨기시고 어린 아이들에게는 나타내심을 감사하나이다. 옳소이다. 이렇게 된 것이 아버지의 뜻이니이다."

이러한 것이 복음주의자가 인간의 이성을 불신하는 근거입니다. 앞서 말씀드린 것처럼 교회의 역사를 거슬러 올라가 살펴보면, 이 부분의 위험을 인지하지 못한 것이 줄곧 문제의 단초가 되었음을 발견하게 될 것입니다. 여러분도 아시는 것처럼, 사도들이 세상을 떠나면서 교회 안에 권위에 대한 총체적인 문제가 발생했습니다. 그뿐만이 아닙니다. 교회는 박해를 당하고 있었습니다. 2세기에 접어들면서 교회에 변증가들이라 불린 사람들이 많이 일어났는데, 그들 중에는 일부 그리스 철학으로 훈련받은 철학자들이 있었습니다. 그들은 복음과 그리스 철학 사이에 아무런 괴리가 없음을 입증하는 데 주력했습니다. 그들의 동기는 의심할 여지없이 매우 선한 것이었지만, 그 일을 하면서 그들은 복음에서 일정 부분을 양보해 복음을 철학으로 바꿔 놓았습니다. 그 결과 성령께 속한 영역에서 치명적으로 중요한 것을 상실했습니다. 결국 교회는 제도화되었고, 이것이 개신교 종교개혁이 일어나기 전까지 중세 로마 가톨릭 교회로 이어졌던 것입니다.

이런 경향은 끊임없이 반복되어 일어났습니다. 그것이 내가 이 문제를 그처럼 중요하게 생각하는 이유입니다. 나는 그것이 오늘날 다시 발생하고 있다고 믿습니다. 훨씬 더 간명하게 말씀드린다면, 참된 복음주의자는 이성을 불신할 뿐 아니라 학문까지도 불신한다고 할 수 있습니다. 이곳에 모인 국제 복음주의 학생회에 속한 대학생들 여러분에게 드리고 싶은 말씀이 그것입니다. 복음주의자는 학문을 불신한다고 힘주어 강조하는 것입니다. 무슨 뜻으로 이 말씀을 드리는지 쉽게 설명해 보겠습니다. 복음주의자는 성경에서 출발합니다. 그 역시 교회사를 공부하며 교회사에서 성경이 중요하게 가르치는 교훈이 역사적으로 입증되어 왔다는 것과, 인간의 이성과 이해를 신뢰하면 그릇된 길로 떨어진다는 것을 발견합니다. 또한 믿지 않는 사람들을 믿음으로 돌아오게 하는 일에 도구로 사용하신 사람들 가운데 적지 않은 이들이 아주 단순한 사람들이었다는 사실도 발견합니다. 물론 반드시 그런 것은 아니었으나—앞에서 나는 루터 같은 사람들을 언급했고, 캘빈도 언급할 수 있을 것입니다—그런 사람들로 인해 교회가 생명력을 되찾고 사람들이 다시 참된 믿음으로 돌아오는 경우가 적지 않았습니다.

내 말을 정리하자면, 복음주의자는 학문에 대해 불신과 경계의 태도로 대합니다. 그것은 복음주의자가 반(反)지식주의자라는 뜻도 아니고 반계몽주의자라는 뜻도 아닙니다. 다만 이성과 학문을 제 위치에 두는 사람이라는 뜻입니다. 이성과 학문은 **하인**일 뿐 상전이 아닙니다.

이성의 위치

그렇다면 우리의 신앙과 삶에서 이성이 차지하는 위치는 무엇일까요? 나는 다음과 같이 정의하고 싶습니다. 이성은 우리가 믿는 **내용**을 결정해서는 안됩니다. 이성의 할 일은 **어떻게** 믿어야 하는지를 가르치는 것입니다. 이성은 도구일 뿐입니다. 이성에게 우리가 무엇을 믿을지 결정하도록 허용할 때는 반드시 문제가 생깁니다. 다른 말로 하면, 성경에 복종하지 않고 과학과 철학과 그 밖의 다른 학문을 의존함으로써 신자 자신의 설자리를 결정하는 데서 문제가 생기는 것입니다. 이성을 사용해 어떻게 믿고 어떻게 생각할 것인지를 결정하지 않고, 무엇을 믿을 것인지를 결정하는 것이 문제입니다. 이성의 위치란 생각하는 내용이나 주제가 아닌 생각하는 방법을 결정하는 것이며, 학문의 경우도 마찬가지라고 말씀드리고 싶습니다.

나는 학문에 아무런 가치를 두지 않던 복음주의 세대를 기억합니다. 학문에 대한 그들의 태도는 이렇습니다. "학문은 위협적이고 위험한 거야. 복음은 학문과 아무런 관련도 없어." 내가 젊었을 때 학생들에게 사역에 대한 충고를 해주시던 분들이 있습니다. 유명한 복음주의 지도자 한 분은 이런 말을 했습니다. "옥스포드나 캠브리지에서 뭘 공부하든 신학은 공부하지 말게. 신학을 공부하면 자네는 신앙을 잃어버리고 말거야." 이것은 내가 권하는 바가 아닙니다. 그런 태도는 그릇된 것입니다. 그것은 두려움의 정신이고, 그런 두려움은 모랫속에 자신의 머리를 묻고 무슨 일이 일어나는지 인식하지 못하도록 만드는 몽매주의로 이끌어 가기 때문입니다.

복음주의자는 이성과 학문의 위험을 잘 알면서도 그것들을 두려워하지 않습니다. 그 점을 강조하고 싶습니다. 이성과 학문에서 도망치거나 숨지 않고 다가가서 그것을 부립니다. 학문이 무엇인지 잘 알고 그 수준에 맞춰 그것을 대하되 굴복하지 않습니다. 위대한 학자라고 해서 그 앞에 무릎을 꿇지 않습니다. 위대한 학자, 심지어 위대한 성경학자라도 불신자일 가능성이 있음을 알기에 학자를 무조건 높이지 않습니다. 학문에 무릎꿇고 그것에 복종하고 거의 숭배하다시피 하면서 학문을 궁극적 권위로 간주하기 시작한다면, 그것은 신념을 배반하고 진정한 복음주의자가 되기를 포기하는 일이라고 나는 생각합니다.

복음주의자는 학문을 두려워하지 않습니다. 그리스도인이 아닌 학자들은 이성에 토대를 두기 때문에, 이성에 토대를 두지 않는 그리스도인은 그들을 두려워할 필요가 없습니다. 그들은 성경을 모르기 때문에 그들과 변론하는 것은 간단한 일입니다. 그들과 대면하게 될 때 그들의 주장이 자신들의 생각에서 이끌어 낸 것임을 쉽게 입증할 수 있습니다. 그것은 인간의 이성과 사색과 철학일 뿐 참된 기독교적 교훈이 아닙니다. 내가 제시하고자 하는 큰 원리는 이것입니다. 즉 복음주의자는 이성과 학문을 대하는 태도에서 위험을 충분히 파악하고 있습니다. 성경에서 그 점을 너무나 분명하게 보기 때문입니다. 바울은 철학자들에게 비웃음을 당하는 '미련한 자'가 되었습니다. 철학자들은 그의 가르침을 미련한 것으로 간주했습니다. 참된 그리스도인에게는 이런 일이 언제나 발생합니다. 오늘도 마찬가지입니다. 이른바 위대한 철학자들이라 불리는 사람들이 회의론자나 불신자들인 것은 새삼스러운 일이 아닙니다. 당연히 그러리라고 기대할 뿐 뜻밖이라고 생각할 일이 아닙니다. 그들이 그리스도인이 아니라고 해서 그들에게 우리의 믿음을 사과해서는 안됩니다. 오히려 이것이 성경의 가르침을 확증하는 증거인 줄을 알아야 합니다. 교회가 가장 깊은 침체의 나락에 떨어졌을 때는 어김없이 철학에 복종했던 일을 기억해야 합니다.

좀더 최근으로 거슬러 올라가 우리 시대를 바라보면, 지난 두 세기 동안 교회의 삶에 큰 해가 되었던 것들은 주로 신학교들에서 나온 것이 분명한 사실 아닙니까? 신학교에서 문제가 생기지 않았습니까? 교회에서 문제가 생긴 것이 아니라 신학교에서 생겼습니다. 소명을 받았다고 느끼고 교회의 추천을 받아 목회자 훈련을 받기 위해 신학교에 들어간 사람들이, 들어갈 때는 순수한 복음주의자들이었는데 나중에는 신앙에 관한 모든 것을 부정하고 심지어는 완전히 신앙을 떠난 경우도 있었습니다. 그런 일이 발생하지 않았다 해도 그 사람들은 학자가 되려고 애쓰다가 뜨거운 열정과 생명력을 상실한 채 죽은 상태로 추락한 것입니다. 그들은 더 이상 진리를 대변하지 못합니다. 이것은 엄연한 사실입니다.

그러므로 만약 복음주의자가 이성과 학문을 불신하지 않는다면, 그는 성경의 가르침을 깨닫지 못하고 있을 뿐 아니라 오랜 세월을 통해 제시된 기독교 교회사의 명백한 증거를 제대로 보지 못하고 있는 것입니다. 내가 이 점을 소상히 말하고 강조하는 이유는, 어제 언급한 '신복음주의' 같은 운동들이 그릇된 의미에서의 학문과 관련되어 있기 때문입니다. 신복음주의는 학문에 대한 복음주의의 열등감과 콤플렉

스의 산물입니다. 사람에게는 지식인이라는 평가와 존경을 받고 싶은 욕구가 있는데, 그것을 방치하면 철학과 이성과 학문에 복종하게 되는 위험에 빠지게 되며, 앞 세대 사람들이 당했던 것과 같은 결과를 맞이하게 될 것입니다.

복음주의자의 또 다른 표지들

복음주의자의 또 다른 표지는 **성례에 관해 특별한 견해를 취한다**는 점입니다. 오늘 아침에 이 주제를 본격적으로 다룰 생각은 없습니다. 이 주제는 내일 다루게 될 것입니다. 광범위하게 말하면, 복음주의자는 대체로 성례에 대해서 '낮은'(low, 영국 국교회 내의 '저교회파'라는 명칭에는 이런 의미가 담겨 있음—옮긴이) 견해를 취합니다. 물론 다른 개신교 교단들의 신자들과 마찬가지로 성례를 두 가지만 인정하지만, 이 두 가지 성례에 대한 견해 때문에 복음주의자가 아닌 사람들과 갈리는 경우가 적지 않습니다.

다음으로 말씀드리고 싶은 것은, 복음주의자는 **역사와 전승을 비평적(critical) 관점으로 바라본다**는 것입니다. 물론 복음주의자는 역사와 전승에 아주 많은 관심을 기울이는 것이 사실이지만, 항상 비평적 관점을 잃지 않습니다. 여러분도 잘 아시듯이 복음주의자의 입장은 사실상 칼날 위에 있는 것과 같습니다. 여러분 좌우에 두 면이 있고 두 가지 위험이 있는데, 복음주의자는 둘 사이에 놓인 칼날과 같습니다. 이 점을 다음과 같은 방식으로 설명하려고 합니다. 복음주의자는 연속성보다는 불연속성의 원리를 강조합니다. 로마 가톨릭 신자는 연속성의 원리, 즉 전승을 강조합니다. 규모가 큰 교단들은 대부분 다 그렇습니다. 오늘 아침에 큰 교단들을 하나씩 검토해 보면서 여러분은 왜 그 교단에 속해 있는지 묻는다면 흥미로운 반응을 얻게 될 것입니다. 아마도 거의 어김없이 스스로 내린 결정이 아니라 자신도 모르는 사이 그렇게 되었다고 대답할 것입니다. 물론 스스로 판단해 현재의 교단에 소속한 분들도 있을 것입니다. 그러나 대부분은 부모의 판단에 따라 침례교나 장로교, 감리교에 소속되어 있습니다. 저마다 부모의 슬하에 각 교단에서 자랐습니다. 각 교단의 전승으로 지도를 받았습니다. 어떤 이들은 무척 선량한 인품을 지녔으나 자신들의 교단을 조금이라도 비판하면 잘 알지 못하면서도 냉정을 잃고 끝까지 자기 교단을 변호합니다. 여러분은 그런 사람들을 본 적이 있을 것입니다. 왜 그렇게 되는 것일까요? 그들은 전승의 원리에 예속되어 있기 때문입니다. 교단을 저버리는 행위가 모든 죄악 가운데 가장 큰 죄악이라는 생각이 그들 뇌리에 심어져 있기 때문입니다.

이것은 복음적인 생각이 아닙니다. 복음주의자는 불연속성의 원리를 믿습니다. 교회의 역사를 되돌아보면, 살아있는 영적인 몸인 교회가 어떻게 생명력을 잃게 되는 제도로 굳어져 버렸는지 알게 될 것입니다. 이것이야말로 너무나 큰 위험인 것을 알아야 합니다. 따라서 살아있는 교회의 참된 역사는 오직 불연속성의 기준, 즉 종교개혁 이전과 특히 종교개혁 당시, 그리고 종교개혁 이후로 발생한 단절들에 비추어 봐야만 제대로 이해할 수 있습니다.

마찬가지로, 복음주의자는 교회의 초기 공의회에서 내린 결정에 예속되지 않는다는 것을 개신교 선조들의 가르침에서도 얼마든지 자유롭게 예증할 수 있습니다. 복음주의자는 개신교 선조들 앞에 노예처럼 꿇어 엎드리지 않습니다. 오히려 그들의 가르침과 생애를 성경의 빛으로 살핍니다. 심지어 그들은 공의회의 위대한 선언에 대해서도 살펴봅니다.

이 점에 이어 말씀드리고자 하는 것은, 복음주의자는 **언제나 자신의 신념에 따라 행동할 준비가 되어 있다는 것**입니다. 이것이야말로 복음주의자의 가장 두드러진 특성이라고 말씀드리고 싶습니다. 주장하고 논쟁하고 심지어 자신의 견해를 변경할 준비가 되어 있는 사람들도 있지만, 그들은 이런 일을 하지 않습니다. 복음주의자는 자신의 확신에 따라 행동하는 사람입니다. 만약 이것이 사실이 아니라면 개신교란 존재하지도 않았을 것입니다.

루터는 자신이 성경에서 깨달은 바에 따라 행동했으며, 캘빈과 존 녹스도 그랬습니다. 이들은 모두 같은 태도로 행동했습니다. 그리고 이것이야말로 복음주의자의 가장 중요한 특성이라고 나는 생각합니다. 복음주의자는 이론가도 아니고 사변가도 아닙니다. 그는 살아있는 영혼이고, 속에 성령을 모신 사람이며, 자신이 믿는 바에 따라 행동하고 싶어 합니다. 변화를 두려워하지 않습니다. 물론 앞서 말씀드린 대로 이러한 원리 때문에 복음주의자는 분열의 죄를 범할 수도 있는 위험을 안고 있습니다. 그것은 복음주의자가 이성을 신뢰하지 않는다고 말씀드린 동안에도 그 역시 이성의 기능을 가지고 있고 그것을 사용하기 때문입니다. 그는 성경을 연구합니다. 교리를 발견하고, 그것이 참되다는 것을 판단할 수 있으며, 자신과 연관된 사람들이 그것을 믿지 않는다는 것을 알 수 있습니다. 그 결과 이렇게 말할 수 있습니다. "이런 태도를 계속 견지할 수는 없다. 그것은 교리를 타협하는 것이다. 진리에 따라 행동해야 한다." 이것이 복음주의자다운 태도입니다. 그러나 앞서 말했듯이, 이 점을 지나치게 강조하다가 분열의 죄를 범하게 된다는 데 그 위험성이 있습니다. 그럼에도 복음주의자는 기꺼이 변화를 수용하고 자신의 신념에 따라 행동할 준비가 되어 있는 사람이며, 이 점에서 그는 복음주의자가 아닌 사람들과 구분됩니다.

다음 원리를 말씀드리고자 합니다. **복음주의자는 항상 모든 것을 단순하게 바라보는 사람입니다.** 그 앞에서는 모든 것이 단순해집니다. 이것이 복음주의자의 큰 특성입니다. 복음주의자의 교리와 로마 가톨릭 신자의 교리를 대조해 보면, 종교개혁이 신앙을 얼마나 단순하게 만들어 놓았는지 알게 될 것입니다. 종교개혁자들은 자신들이 성경의 명확성, 명료성이라고 부른 것을 가지고 시작했습니다. 로마는 마치 바리새인들이 율법에 잡다한 주석과 설명을 포함시켰던 것처럼 신앙을 어렵고 복잡하게 만들어 놓았습니다. 학식을 입증하려면 반드시 인용해야 할 방대한 교훈 체계로 만들어 놓았습니다.

복음주의자가 되면 반드시 매사를 단순하고 투명하게 바라보게 됩니다. 복음주의자는 단순하고 투명하게 생각하는 사람입니다. 가톨릭 신자는 결코 그렇지 못합니다. 가톨릭 신자는 복잡하고 어렵고 미묘합니다. 복잡하게 얽힌 논증

방식 때문에 그의 말을 따라잡기가 매우 어렵습니다. 철학은 어렵습니다. 그러나 복음은 본질적으로 단순합니다.

복음은 신앙과 신앙에 관한 진술을 단순화할 뿐 아니라 교회법과 교회 정치를 바라보는 우리의 시각도 단순하게 만듭니다. 이것이 복음주의자가 본질적으로 지닌 특성입니다. 로마 가톨릭의 사고방식은 항상 성직자 계급제도를 내포합니다. 교회 정치가 항상 복잡합니다. 복음적인 사람일수록 교회법과 교회 정치에 대한 생각은 단순해지게 마련입니다.

예배에 대한 이해에도 같은 이치가 적용됩니다. 복음주의 예배는 다른 교단들의 예배와 대조적으로 항상 단순합니다. 복음주의자는 성직복을 중시하지 않습니다. 성직자가 망토를 입고 삼중관을 쓰고 예배의 각 부분에 맞춰 옷을 갈아입는 것을 찬성하지 않습니다. 의식과 전례와 행렬을 믿지 않습니다. 형식주의(formalism)를 싫어합니다. 자유, 곧 성령께서 주시는 자유를 신봉합니다. 이것이 복음주의자의 본질적인 특성입니다. 성령을 떠나면 더 이상 복음주의자이기를 포기하는 것이고, 그럴 때 예배의식을 더욱 정교하게 만들고 외모와 옷과 행동방식을 꾸미려 하게 마련입니다.

형식주의가 복음주의자가 아닌 사람들의 특성이라면, 복음주의자의 특성은 자유입니다.

실로 이 단순성의 원리는 교회사에서, 심지어 교회 건물들과 관련해서도 여러분에게 분명하게 입증해 드릴 수 있는 주제입니다. 복음주의자들의 교회 건물은 한결같이 단순한 반면에, 가톨릭 교회의 건물은 정교하게 장식하는 경향을 띱니다. 이 단순성의 원리는 복음주의자의 삶 전체에서 드러나는 원리입니다.

서둘러 살펴봐야 할 다음 사항은, 복음주의자는 **언제나 교회의 교리에 관심을 둔다**는 것입니다. 나는 이 주제를 논할 때 다소 어려움을 느낍니다. 왜냐하면 그동안 나는 영국의 기독학생회(Inter-Varsity Fellowship)와 세계 다른 지역의 모든 유사한 운동에 대해 우리가 교회의 교리에 충분한 관심을 기울이지 않았고, 그 점과 관련해 복음주의자답지 못했다는 비판을 가했기 때문입니다. 수세기에 걸쳐 복음주의자들은 교회 교리에 지대한 관심을 기울여 왔습니다. 그들이 교회의 다른 부분이나 다른 단체나 교단들을 떠난 이유가 대체로 이 점 때문이었습니다. 복음주의자는 순수한 교회에 관심을 가집니다. 그의 교회관은 교회가 회집(會集)된 성도들로 구성된다는 것입니다. 그는 국가 교회를 믿지 않습니다. 기독교 교회의 본질을 정확하게 이해하는 데 지대한 관심을 갖습니다. 수세기를 걸쳐 내려오면서, 제도 존

중주의와 신자들의 살아있는 집단이 내내 큰 투쟁을 벌여 왔다는 것은 교회사를 펼쳐보면 분명히 알 수 있습니다. 그렇다면 교회론은 대단히 중요한 것입니다. 하지만 아쉽게도 지금은 이 주제를 더 이상 길게 다룰 수 없습니다. 다만 그 중요성만 강조하고 지나갈 뿐입니다.

최상의 관심사들

복음주의자가 지닌 다음 특성은 **중생(重生)을 대단히 강조한다**는 점입니다. 거듭나는 일이 복음주의자에게 절대적인 토대입니다. 그는 죽은 정통이나 개신교 스콜라주의에는 관심이 없습니다. 나는 이것이 오늘날 대단히 중요한 분기점이라고 생각합니다. 복음주의자는 중생을 강조합니다. 성령으로 태어나 새로운 시작을 영위하고, 그리스도 안에서 새 생명을 얻으며, 신적 본성에 참여한 자가 되는 것을 강조합니다. 이 자리에서 굳이 이 점을 강조하지는 않겠습니다. 그러나 복음주의자가 되는 것을 포기한 사람은 갈수록 중생을 강조하지 않게 되고, 개인의 의지와 결단의 행위를 더욱 강조하게 되는 것을 발견하게 될 것입니다. 복음주의자는 모든 것을 하나님의 역사하심으로 일어나는 중생의 잣대로 바라봅니다. 복음주의자는 "나의 나 된 것은 하나님의 은혜로 말미암은 것이다"라고 말합니다. 그는 자신에 대해서 놀랍니다. 이것이 복음주의자의 특징이지만, 여기에 한 가지를 덧붙이고자 합니다.

복음주의자는 이런 특성 때문에 단지 생명과 능력의 필요에 관심을 가질 뿐 아니라 자신의 존재 전체를 내걸고 그것을 강조합니다. 경건주의의 문제를 예로 들어 보겠습니다. 경건주의는 오늘날 경멸되고 남용당하는 용어가 되었습니다. 나는 경건주의를 공격하는 복음주의자들에 몹시 실망합니다. 진정한 복음주의자는 항상 경건하게 살며, 그것이 그를 죽은 정통신앙과 구분하는 특성입니다. 일전에 유럽 대륙에서 경건주의가 발생한 기원에 관해 언급한 적이 있습니다. 아른트와 슈페너, 프랑케, 그리고 그들을 따랐던 사람들, 곧 경건주의 운동은 기존 상황에 대한 항의로 발생했습니다. 그들이 항의하고 나선 이유는 불행하게도 개신교 종교개혁이 발생한 지 100년 내에 루터파와 개혁파 신자들이 죽은 정통에 안주했기 때문입니다. 영국에서도 윌리엄 퍼킨스(William Perkins)라는 사람의 주도로 비슷한 회복운동이 일어났습니다. 캘빈 자신도 성령의 신학자로 알려지고 그렇게 표현되었으며, 그것이 정당한 평가입니다. 청교도들과 미국의 조나단 에드워즈(Jonathan Edwards) 같은 사람에게서 볼 수 있듯이, 진정한 복음주의자들의 가르침에는 경건주의 요소가 뚜렷하게 묻어나 있습니다. 그것은 항상 그래야 합니다. 복음주의자는 **단순히** 정통신앙을 지닌 사람이 아닙니다. 신앙은 투철한 정통신앙을 지니고 있으면서도 영적으로 죽은 사람을 발견할 수 있습니다. 그런 사람과는 애당초 사귐을 가질 수 있다는 생각이 들지 않습니다. 그들의 신앙은 지식 일색입니다. 그것은 복음주의가 아닙니다.

복음주의자는 참되고 바른 복음적 신조를 지니지만, 거기서 멈추지 않고 삶을 크게 강조합니다. 따라서 복음주의자들은 개인적 혹은 집단적 성경공부를 크게 강조할 뿐 아니라 성경강해와 기도에 지대한 관심을 쏟습니다. 복음주의자의 삶에서는 기도가 매우 중요합니다.

국제 복음주의 학생회에 소속된 여러 나라 학생들의 말을 들어 보면, 자신들은 철저히 정통신앙을 가지고 있는데 자신들이 소속된 교회는 기도회를 하지 않을 뿐 아니라 기도모임을 아예 중요하게 여기지도 않는다고 합니다. 여러분은 정통신앙의 관점에서 기도모임보다 더 나은 것이 있다고 생각할 수 없지만, 그들은 그러한 모임을 중요하게 여기지 않습니다. 그들의 삶에서는 기도가 지극히 작은 위치를 차지합니다. 그들이 설령 정통신앙을 소유하고 있다 하더라도, 나는 그들이 진정한 복음주의자는 아니라고 감히 주장합니다. 복음주의자에게는 기도가 필수적인 요소입니다. 이것이 그의 삶이고 그에게 결정적으로 중요합니다. 주위를 잘 살펴보면 복음주의자들이 거의 예외 없이 성경읽기와 공부, 기도, 간증을 위한 단체들을 결성해 놓고 있는 것을 발견할 것입니다. 대륙의 경건주의에도, 영국의 청교도들 사회에도 이런 모습을 보게 됩니다. 감리교의 속회(屬會)와 18세기에 생긴 단체들에서도 같은 모습을 보게 됩니다. 이것이 복음주의의 큰 특징입니다.

그뿐만이 아닙니다. 복음주의자들은 사람들이 살아가는 방식에도 큰 관심을 기울입니다. 그들은 자신들의 행동에 엄격합니다. 이것이 언제나 복음주의의 가장 두드러진 특성들 가운데 하나였습니다. 내가 학생운동을 처음 대했던 시절이 생각납니다. 학생 기독교 운동(SCM)과 다른 학생단체들은 복음주의 연맹에 속한 복음주의자들을 이런 말로 묘사했습니다. "아, 그들은 극장에 가지 않고, 술도 마시지 않고, 담배도 피우지 않는 사람들이다." 그들이 오늘날의 복음주의자들도 그런 식으로 평가한다고 생각하지 않습니다. 그동안 큰 변화가 있었습니다. 나는 과거의 입장을 두둔할 이유가 아주 많다고 생각하는 사람 가운데 하나입니다. 복음주의자는 자신의 삶에 주의하고, 선행에 힘쓰고, 나무랄 데 없는 생활을 하고, 약한 형제에게 걸림돌이 되지 않기 위해 조심합니다. 진정한 복음주의자들은 신약성경이 강조하는 거룩한 생활, 곧 윤리를 항상 힘써 견지합니다. 그들이 청교도(Puritan)라 불리는 이유도 거기에 있습니다. 그들이 감리교(監理敎), 곧 방법주의자들(Methodist)이라 불린 이유도 그만큼 철저히 조심하며 살았기 때문입니다. 그들은 지적인 신조를 갖는 것으로 만족하지 않았습니다. 오히려 삶 전체를 교리대로 영위했습니다. "주를 향하여 이 소망을 가진 자마다 그의 깨끗하심과 같이 자기를 깨끗하게 하느니라"(요일 3:3). 개인적 삶과 교회의 삶에서 성결을 강조하는 것이 복음주의의 큰 특성입니다.

복음주의자의 또 다른 특징은 **부흥에 대한 관심**입니다. 부흥에 관심이 있던 사람들은 언제나 복음주의자들뿐이었으며, 한 사람의 복음주의 자질을 평가하는 좋은 방법 가운데 하나는 그가 부흥에 얼마나 관심을 가지고 있는가 하는 것입니다. 제도를 중시하는 사람들은 부흥에 관해 자주 말하지 않습니다. 간혹 입발림으로 부흥을 말하지만 정말로 그것이 중요하다고 여기지 않습니다. 그들은 자신들의 교회론에 따라 움직입니다. 반면에, 참된 복음주의자들은 항상 성령을 부어 주실 것을 갈망합니다. 복음주의의 위대한 각성운동들은 항상 성령이 부어진 결과였습니다. 복음주의자들은 본질상 부흥에 지대한 관심을 갖게 마련입니다.

다음으로, 복음주의자는 당연히 **설교에 우선권을** 둡니다. 설교에 관심을 갖지 않는 순간 더 이상 복음주의자가 아닙니다. 설교보다 논의를 앞세우면 복음주의를 부정하기 시작하는 것입니다. 교회는 설교와 더불어 시작합니다. 부흥운동과 개혁은 항상 설교를 활발하게 회복시킨 운동들이었습니다. 복음주의자에게는 설교와 비교할 만한 것이 없습니다. 설교는 '인격을 통해서 전달되는 진리'요, 성령충만한 사람이 하나님의 복음을 전파해 끼치는 영향입니다. 성경읽기와 공부조차 설교에 비하면 부차적일 뿐입니다.

마지막으로 언급할 것은, 복음주의자란 **항상 전도에 관심을 갖는 사람**이라는 사실입니다. 정통신앙을 가지고 있으나 전도에는 관심이 없는 사람들이 있습니다. 그러한 정도만큼 그들은 복음주의자들이 아닙니다. 복음주의자는 하나님께서 자신을 위해 행하신 일을 기억하고 다른 사람들도 같은 은혜를 받도록 힘쓰는 사람입니다. 그뿐 아니라 복음주의자는 하나님의 영광과 위엄과 주권을 바라봅니다. 지옥과 영원한 형벌을 믿습니다. 주변에 영적 어둠 속에서 죽어가는 사람들에게 관심을 갖습니다. 그들이 그에게는 무거운 짐이며, 그들에게 그리스도 예수 안에 있는 진리를 알게 해주기 전에는 만족하지 않습니다.

조금 서두른 감이 없지 않지만, 지금까지 복음주의자가 지니는 일반적인 특성을 말씀드렸습니다. 다음 번 강의에는 복음주의자가 무엇을 믿는지 구체적으로 말씀드리겠습니다. 함께 기도하겠습니다.

우리 주 하나님, 저희가 다시 주님께 나와 말씀을 들었습니다. 주님께서 저희를 살피시고 일들을 맡기시는 것을 생각할 때 갈수록 놀라움이 더합니다. 저희를 긍휼히 여겨 주시옵소서. 저희를 굽어보시고 주의 말씀으로 저희를 가르쳐 주시기를 겸손한 마음으로 소원합니다. 주의 말씀과 성령으로 충만하게 하옵소서. 저희에게 살아있는 마음과 관심을 주시옵소서. 저희가 살고 있는 이 시대의 위기와 위험 속에서 우리를 흔들어 깨워 주시옵소서. 겸손하게 하시고 위선적인 마음을 품지 않게 하옵소서. 오직 주님의 영광을 바라보고 찬송하는 눈을 주시며, 다른 사람들의 영혼을 관심하며 염려하는 마음을 주시옵소서. 오늘도 주님의 복과 은혜 안에서 지내도록 저희와 함께하여 주시옵소서. 우리 주 예수 그리스도의 이름으로 기도합니다. 아멘.

지난 이틀에 걸쳐, 이 시대 우리를 향한 큰 부르심은 믿음을 위해 선한 싸움을 힘써 싸우라는 것임을 말씀드렸습니다. 혹시 여러분이 사도 바울의 표현을 더 좋아하신다면 "오직 너희는 그리스도 복음에 합당하게 생활하라. 이는 내가 너희를 가보나 떠나 있으나 너희가 일심으로 서서 한뜻으로 복음의 신앙을 위하여 협력하는 것"(빌 1:27)이라는 말씀으로 대신할 수도 있습니다. 지금까지 우리는 최근에 조성된 상황과 제기된 주장들을 짚어보면서, "복음주의자란 무엇인가?"라는 질문을 다시 한번 명확하게 규명하는 일이 왜 필요한지를 생각해 보았습니다. 10년 전만 해도 당연하게 여기던 것을 지금은 그렇게 할 수 없게 되었습니다. 첫날 강의시간에 말씀드린 대로 미묘한 변화들이 발생하고 있으며, 이러한 상황이 "복음주의자란 무엇인가?"라는 질문을 다시 하게 만듭니다.

어제 우리는 복음주의자가 어떤 사람인지 일반적 특성을 살펴보았는데, 나는 그 일반적 견해에 중요한 의의를 둡니다. 사람의 개략적인 사고방식과 관점이 때로는 본인의 입으로 자세히 말하는 것 못지않게 그 사람에 관해 많은 것을 가르쳐 주기 때문입니다. 오히려 더 많은 것을 가르쳐 주는 경우도 있습니다.

이제 좀더 구체적으로 들어가, 우리가 복음주의자에게 기대하는 것이 무엇이며 복음주의자가 반드시 믿어야 할 내용이 무엇인지 상고할 수 있게 되었습니다. 지난 수백 년의 세월이 아주 분명하게 입증하듯이 이것은 쉬운 문제가 아닙니다. 그러나 우리는 이 일을 해내야 합니다. 여러분에게 다시 한번 상기시켜 드리고 싶은 것은, 우리의 주된 관심사는 배타적이어서는 안된다는 것입니다. 할 수 있는 한 **포용적**이어야 하지만, 본질적인 것에 대해서는 **구분선**을 그어야 합니다.

우리가 국제 복음주의 학생회 헌장에 진술된 '기초 교리'에 모두가 서명해 동의해야 한다는 것은 당연한 사실로 받아들일 수 있습니다. 이 기초 교리를 작성할 당시에 표방했던 주된 목적은, 우리가 본질적이고 중요하다고 간주했거나 지금도 여전히 그렇게 간주하고 있는 믿음의 내용을 진술하려는 것이었습니다. 하지만 이 기초 교리를 읽어 보면 기독교 신앙과 관련해 아예 언급되지도 않은 교리들이 많다는 점을 쉽게 발견할 수 있습니다. 여기에 빠진 내용들이 우리가 생각해 봐야 할 문제를 던져 줍니다.

근본적인 진리와 부차적인 진리

우리는 특정 진리들을 본질적인 것으로 간주합니다. 그러나 매우 중요하다는 점을 인정하면서도 **본질적**이라는 말을 붙이기 어려운 진리들도 있습니다. 그러므로 우리가 해야 할 일은, 우리가 본질적 곧 근본적이라고 주장하는 진리와 합법적인 견해 차이가 있을 수 있는 진리를 구분하는 기본적인 선을 긋는 것입니다.

먼저 우리가 본질적인 진리로 여기는 것들을 살펴보겠습니다. 하지만 내가 정말 강조하고 싶은 것은, 이런 진술들만으로는 충분하지 않다는 점입니다. 이 진리들을 자세히 설명하고 정의해야 합니다. 이렇게 하지 않을 수 없는 이유는, 최근에 일어난 변화들 때문이고 사람들이 '심중 유보'라고 일컫는 것을 신앙의 기본 도리로 받아들이는 현상에 직면해 있기 때문입니다. 이런 점을 감안할 때 우리는 사람들에게 특정한 질문들을 던지거나, 우리의 진술을 어느 정도 구체적으로 정의할 권리와 의무를 갖고 있는 셈입니다.

따라서 내가 하려는 바는, 여러분도 잘 아시는 기본 교리들을 다시 한번 확인하고 그 가운데 몇 가지는 현재 상황에 비추어 좀더 구체적으로 생각해 보려는 것입니다. 이것은 우리 신앙의 선조들이 해오던 일에 지나지 않습니다.

과거에 작성된 신앙고백서들 가운데 어느 것이든 구해서 읽어 보십시오. 참된 그리스도인들은 그들이 믿는 진리를 진술하는 데서 그치지 않고 그 당시의 특정 문제와 상황들에 비추어 이 진리를 규명해 놓았다는 것을 발견하게 될 것입니다.

예를 들어, 아우크스부르크 신앙고백서(Augsburg Confession)와 그 밖의 개신교 초기 신앙고백서들을 작성한 저자들은, 자신들이 적극 믿는 바를 로마 가톨릭 교회의 그릇된 신조에 비추어 치밀하게 해명하고 있습니다. 이것은 언제나 필요한 작업입니다. 그 이전에 작성된 아타나시우스 신조(Athanasian Creed) 같은 문서들도 구해 읽어 보십시오. 이 신조들도 신앙의 내용을 적극 진술할 뿐 아니라 아리우스 이단을 비롯한 당대의 특정 이단들에 대처하기 위해 기록되고 설명된 것이 본문에 분명히 나타나 있습니다.

이제 우리도 같은 작업을 해야 합니다. 그것이 바로 우리가 물려받은 신앙고백서와 신조들을 단순히 맹목적으로 채택하고 동의하고 계속해서 변호하는 자리에 머물러서는 안 된다고 주장하는 이유입니다. 거기서 더 나아가 이 진술들이 우리 시대와 우리 세대와 어떤 관련성이 있는지 입증해 내야 합니다.

본질적인 것과 비본질적인 것의 구분

내가 하려는 일이 그것입니다. 아울러 두번째 일도 해야 하는데, 그것은 본질적인(우리가 반드시 고수해야 할) 교리들과 참되기는 하되 필수적이지 않다고 간주되는 교리들을 구분하는 일의 정당성을 밝히는 것입니다. 이 일이 어째서 필요한지는 여러분도 잘 아실 것입니다. 기본적이고 본질적인 진리들을 진술하는 순간, 여러분은 이단에 속한 사람들, 실제로는 신앙을 갖고 있지 않으면서도 말로는 하나님을 믿는다고 주장하는 사람들, 그러면서도 믿음이 무엇인지 정의하지 못하는 사람들로부터 자신을 구분하게 됩니다. 이 일을 하는 순간, 여러분은 훨씬 어려운 문제에 직면하게 됩니다. 불신자나 기독교 신앙을 거짓으로 고백하는 자들과 자신을 구분함으로써, 이제는 여러분 사이에 연합을 견지하는 문제에 직면하게 되는 것입니다. 앞에서도 언급한 것처럼 교리를 진지하게 받아들일 때 생길 수 있는 한 가지 경향이 있습니다. 그것은 교리를 아주 진지하게 받아들이는 경향이 아니라 지나치게 구체적이고 엄격한 입장을 취함으로써 너무 많은 것을 요구한다는 것입니다. 오히려 비본질적인 것으로 여겨야 하는 것을 본질적인 것의 범주에 넣는 경향입니다.

그런 오류에 빠지지 않도록 주의해야 합니다. 본질적인 진리들의 의미를 자세히 설명하는 일 때문에 설령 분열이 초래된다고 해도 반드시 그렇게 해야 합니다. 본질적인 것들과 비본질적인 것들을 구분하는 것도 매우 정당한 일입니다. 만일 복음주의자들이 이 일을 하지 않는다면 우리는 이 곤핍한 현대사회에서 더 이상 서로 협력해 복음을 전할 수 없을 만큼 지리멸렬하게 분열되고 말 것입니다.

내가 본질적인 것들과 비본질적인 것들 사이에 긋고자 하는 선은 대단히 오래된 것입니다. 캘빈이 「기독교 강요」에서 이와 관련해 매우 분명하게 언급한 내용을 소개하겠습니다(제4권 1장, 12항).

> 왜냐하면 참된 교리의 모든 조목(條目)들 전부가 동일한 종류에 속하는 것은 아니기 때문이다. 어떤 조목은 필수적으로 알아야 하는 것으로, 모든 사람들이 신앙의 적절한 원리로 확실하게 의심 없이 인정하는 것들이다. 예컨대, 하나님은 한분이시다, 그리스도께서 하나님이시요 또한 하나님의 아들이시다, 우리의 구원이 하나님의 긍휼하심으로 말미암는다 등이 거기에 속한다. 교회 사이에 논란이 있는 교리의 다른 조목들도 있지만, 그것들로 인해 믿음의 통일성이 깨어지지는 않는

다. 가령 한 교회는 영혼들이 육체를 떠날 때에 하늘로 올라간다고 믿고—이를 완강하게 주장하면서—또 다른 교회는 감히 영혼이 가는 장소를 명확히 하지 못하지만 그 영혼들이 주님을 위해 산다고 믿는다고 하자. 과연 이것이 교회들 간에 불일치의 근거가 될 수 있겠는가? 사도는 이렇게 말하고 있다. "그러므로 누구든지 우리 온전히 이룬 자들은 이렇게 생각할지니 만일 무슨 일에 너희가 달리 생각하면 하나님이 이것도 너희에게 나타내시리라"(빌 3:15). 이런 비본질적인 문제들에 대해 견해가 다르다는 것이 그리스도인들 가운데 분열의 근거가 되어서는 안된다는 사실을 이 말씀이 충분히 시사해 주지 않는가? 가장 좋은 것은 모든 문제에 대해 완전한 의견 일치를 이루는 것이다. 그러나 어느 정도는 모든 사람들이 무지하기 때문에 아예 교회를 남겨 두지 않든지, 아니면 알지 못하는 상태로 나아가더라도 신앙의 총체에 해가 되지 않고 구원을 잃어버리지 않는 문제들에 대한 이견(異見)은 용인해야 할 것이다.

그러나 아첨과 묵인을 통해 그런 것들을 조장하는 것이 옳다는 식의 생각은, 그것이 아무리 사소한 오류에 대한 것이라고 해도 지지할 마음이 없다. 내가 말하고자 하는 것은, 사소한 의견의 차이들 때문에 분별 없이 교회를 저버리는 일이 있어서는 안된다는 것이다. 경건이 건전하게 유지되는 교리와 주님이 제정하신 성례의 정당한 시행만이 안전함을 유지하고 부패함을 막는 것이다.*

이것이 내가 여러분에게 제시하려는 입장을 아주 완벽하게 진술한 내용이라고 생각합니다. 이 내용을 서론 삼아, 한편으로는 방종과 이완과 무관심, 다른 한편으로는 과도한 치밀함이라는 양극단을 염두에 두고 이 작업을 해나가기로 하겠습니다.

내가 하려는 첫번째 일은, 우리 모두가 본질적인 것이라는 데 동의하는 진리들을 간략하게 설명하는 것입니다. 우리가 신앙의 기본 도리라고 받아들이는 바를 설명하려는 것입니다. 그 과정에서 오늘의 상황을 규명하는 데 도움이 될 내용을 덧붙여도 무방할 것입니다.

교리의 무관심에 대한 비판

우리가 처한 상황에 비추어 볼 때, 우리가 에큐메니컬 운동

---

* Calvin, *Institutes of the Christian Religion*, trans. F. L. Battles, ed. J. T. McNeill, vol.2, SCM Press, 1961, pp. 1025-26.

에 반대한다는 사실을 명백하게 진술하는 것이 매우 유익할 것입니다. 내가 이처럼 부정적인 언급으로 시작하는 이유는, 오늘날 우리에게 **교리가 너무나 중요하고 본질적**이라는 입장을 주장하고 변호해야 하기 때문입니다. 에큐메니컬 운동도 신조 진술에 대해 관심을 표시하기는 하지만, 그야말로 요식 행위일 뿐 사실상 교리에 대해서는 무관심합니다. 이것은 보편적으로 인정하는 사실일 것입니다. 교리에 대한 무관심을 배제하고서는 현대의 에큐메니컬 운동을 생각할 수가 없습니다. 아무리 에큐메니컬 운동 옹호자들이 성경의 증거에 따라 예수 그리스도를 하나님과 구주로 믿는다고 표명하더라도, 우리는 그것을 충분한 신앙고백으로 간주할 수 없습니다. 그들은 그 신앙고백에 동의하는지 검증하는 것을 거부하기 때문입니다. 달리 말해서 그들은 권징의 요소를 거부합니다. 이것은 교리에 대한 무관심을 스스로 천명하는 행위입니다. 신조의 표준을 강조하지 않고 신조에 동의하는 것을 의무화하지 않는다면, 신조의 표준을 소유할 아무런 목적도 없습니다. 이러한 범주의 '심중 유보'를 우리는 인정할 수 없습니다. 오히려 에큐메니컬 운동에 참여하는 사람들이 그들의 책과 기사와 진술로써 우리가 기독교 신앙의 본질로 간주하는 교리들을 명백히 부정한다는 불행한 사실로 인해, 우리는 그런 신조 표준이 아무런 의미가 없음을 단호히 주장하게 됩니다.

그 운동에 가담한 유력한 사람들 가운데는 심지어 일신론자라는 사실이 의심스러운 사람들도 있습니다. 이것은 내가 그들에 관해서 주관적으로 하는 말이 아니라, 그들 스스로 자신들의 저서에서 주장하고 있는 것이고 우리 모두 그 사실들을 잘 알고 있습니다.

그러므로 우리는 교리의 중요성을 강조하고 교리와 신조에 관한 태도를 분명히 정리함으로써 시작하려고 합니다. 교리를 중심에 두지 않는 자들과는 어떤 사귐도 갖지 않을 것을 밝힙니다. 너무나 부정적인 접근처럼 여겨질지 모르지만, 궁극적으로는 이것이 대단히 긍정적인 태도입니다. 분명한 것은, 우리는 교리와 진리에 대한 명백한 진술을 중요하게 생각지 않는 사람들과 아무것도 공유하고 있지 않습니다.

이상의 내용을 전제하고서, 우리가 동의하는 신앙의 기본 가운데 몇 가지를 구체적으로 살펴보겠습니다.

유일하고 충분한 권위/성경

첫번째는 성경에 관한 교리입니다. 국제 복음주의 학생회의 기초 교리에는 다음과 같이 진술되어 있습니다. "우리는 원본으로 주어진 성경이 성령으로 감동되었고 절대 신뢰할 수 있으며, 그것이 믿음과 행위에 관한 모든 문제들에 최고의 권위를 가지고 있다고 믿는다." 나는 그렇게 말하는 것으로는 충분하지 않다고 봅니다. 거기서 한 걸음 더 나아가야 합니다. 그 교리에 동의한다고 주장하는 사람들 가운데는 그 중 일부 진술에 대해 자신들이 정말 그것을 받아들이는지 심각한 의문을 제기하는 사람들이 있기 때문입니다.

따라서 우리는 좀더 구체적으로, 성경이 우리의 유일한 권위라고 말해야 합니다. '최고의' 권위일 뿐 아니라 '유일한' 권위라고 해야 합니다. 내가 이 말을 하는 목적은, 우리가 어떤 의미로도 전승(tradition)을 권위로 받아들이지 않는다는 점을 강조하기 위해서입니다. 우리는 전승이 성경과 동등한 권위를 지닌다는 로마 가톨릭의 가르침을 배격합니다. 로마 가톨릭은 성경의 권위를 부정하지는 않지만, 교회 안에서 교회에 의해 해설된 전승에도 성경과 동등한 권위를 부여합니다. 전승이 신약정경의 속편으로서 계시를 담고 있다고 주장합니다.

우리는 그러한 주장을 배격할 뿐 아니라 전승에 대한 또 다른 견해도 배격합니다. 그것은 훨씬 더 교묘하고 위험한 것으로서, 참으로 유감스럽게도 지난 몇 년 동안 일부 복음주의자들의 정신에 침투해 들어온 견해입니다. 전승에 대한 또 다른 이 견해가 무엇일까요? 그것은 지난 세기에 존 헨리 뉴먼(John Henry Newman)이 최초로 설명한 관점이었습니다. 뉴먼은 교회 안에서 교리가 어떻게 발전했는지에 대한 주제로 책을 썼습니다. 그는 그 질문에 대해, 교회가 새로운 계시를 받아 왔다고 말하기보다 오히려 교회가 경험과 깨달음을 통해 과거에는 성경에 함축되었을 뿐인 것을 발견함으로써 그것을 끄집어낼 수 있었다고 말해야 한다고 설명합니다. 이것은 전승 개념을 다시 도입해 크게 부각시키는 새롭고도 더욱 교묘한 형태입니다.

이것은 주교제 같은 관습을 정당화하면서 한편으로 성경의 인도를 받는다고 주장하는 방법입니다. 그들은 주교제가 사실상 성경이 가르치는 제도가 아니라는 주장이 백번 옳다고 말하면서도, 그것이 성경에 암시되어 있을 뿐 아니라 교회의 정신과 경험이 성령의 인도를 받아 그 제도를 이끌어 내고 발견하고 그 의미를 명쾌히 설명했다고 주장합니다. 이런 식으로 전승이 교회에 침투합니다. 물론 성경과 동등한 권위를 지니지는 않지만, 대단히 중요한 권위를 지니고 다른 신조들과 관행들까지도 정당화시킵니다. 우리는 성경이 유일한 권위임을 강조해야 합니다. 권위에 관한 한 어떤 모양과 형태로도 전승에 지위를 부여해서는 안됩니다.

복음주의자들도 오랜 세월 동안 전해 내려온 교부들의 성경 해석에서 배울 것이 있다고 말하지만, 이런 자료들을 어떤 의미에서든 권위 있는 것으로 간주하지 않습니다.

더 나아가 계시의 개념 전체를 훨씬 더 명확하게 진술할 필요가 있습니다. 짧은 진술로 그 일을 하기란 어렵습니다. 기초 교리가 '신적 영감과 철저한 신빙성'을 말하나, 우리는 거기서 한 걸음 더 나아가야 합니다. 계시의 범주를 주장해야 합니다. 인간들이 연구하고 사색한 결과, 곧 철학의 방법으로 진리에 도달했다는 개념을 배제해야 합니다. 계시는 전적으로 부여된 것임을 주장해야 하고—"예언은 언제든지 사람의 뜻으로 낸 것이 아니요 오직 성령의 감동하심을 입은 사람들이 하나님께 받아 말한 것임이니라"(벧후 1:21)— 사도 바울이 편지를 수신인들에게 일관되게 상기시키듯이 "이는 내가 사람에게서 받은 것도 아니요 배운 것도 아니요 오직 예수 그리스도의 계시로 말미암은 것이라"(갈 1:12)고 주장해야 합니다. 새롭고 아주 분명한 방식으로 계시의 전체적 개념을 강조해야 하며, 같은 방식으로 영감(inspiration)에 대해서도 강조해야 합니다. 우리가 말하는 영감이란 시인들이 '영감을 받아'(inspired) 진리의 끝자락을 얼핏 보았다는 의미가 아니라, 사실상 그들이 성령의 통제를 받았다는 의미임을 분명히 밝혀야 합니다. 베드로가 베드로후서 1:21에 기록했듯이 "예언은 언제든지 사람의 뜻으로 낸 것이 아니요 오직 성령의 감동하심을 입은 사람들이 하나님께 받아 말한 것"이고, 바울이 디모데후서 3:16에 기록한 것처럼 "모든 성경은 하나님의 감동으로 된 것으로 교훈과 책망과 바르게 함과 의로 교육하기에 유익"한 책입니다. 우리는 이런 점들을 특히 강조해야 합니다.

마찬가지 방법으로, 우리는 성경이 명제적(propositional) 진리를 포함하고 있음을 믿는다고 강조해야 합니다. 이것이 종종 복음주의자들과 유사 복음주의자들을 구분하는 기준이 되어 왔습니다. 내가 그동안 관찰해 온 바로는, 칼 바르트가 그랬고 그를 추종하는 대다수 사람들이 지금도 그러하듯이 사람들이 명제적 진리를 반대하거나 배격하기 시작할 때, 그것은 복음주의 견해로부터의 이탈을 암시하는 초기 징후들 가운데 하나였습니다. 그러나 우리는 성경에 명제들, 즉 하나님과 그분의 살아계심과 그분의 인격과 그 밖의 여러 주제들에 대해 명제적 형식으로 진술한 진리들이 있다고 주장합니다. 우리는 이러한 명제적 진리의 요소를 강조해야 합니다.

또한 성경에 초자연적 요소가 있음을 특별히 강조해야 합니다. 이 말은, 우리가 앞날을 미리 말한다는 의미의 예언을 믿는다고 강조해야 한다는 뜻입니다. 오늘날은 '선포'로서의 예언을 강조합니다. 물론 예언에는 선포의 의미가 있는 것이 사실입니다. 하지만 그 차원을 넘어서 예언에는 앞날을 미리 말한다는 의미가 있습니다. 나는 성경의 독특한 영감을 가장 심오하게 논증한 것 가운데 하나가 예언의 진실성, 곧 예언의 성취라고 봅니다. 초자연적인 것이 이처럼 비범한 방식으로 현시된 점을 우리는 강조해야 합니다.

뿐만 아니라 우리는 구약과 신약성경에 기록된 기적들의 문자적 진실성과 역사성을 믿어야 합니다. 그 이유는, 성경의 영감과 권위에 대한 우리의 일반적 진술에는 동의하면서도, 구약성경에 기록된 기적 가운데 상당수의 역사성에 대해서는 부정하고 신약성경의 기적들도 과학적·심리학적 방법으로 설명해 의미를 축소하려는 사람들이 있기 때문입니다. 우리는 초자연적인 능력이 이렇게 나타난 사건들의 역사성을 강조해야 합니다.

다음으로 말해야 할 것은, 성경 전체를 믿어야 한다는 점입니다. 성경의 가르침뿐 아니라 성경의 역사도 믿어야 합니다. 이것을 믿지 못한다면, 틀림없이 진정한 복음주의의 입장에서 이탈해 있다는 증거입니다. 오늘날 적지 않은 사람들이 이렇게 말합니다. "당연히 성경을 믿지요. 신앙에 관한 한 성경이 최고의 권위를 지닌다는 것을 믿습니다. 그러나 과학을 위해 성경으로 가지는 않습니다. 우리가 성경에서 얻으려는 것은 우리 영혼의 구원과 기독교적 삶을 사는 도리를 배우는 것입니다." 그들은 계시에 두 가지의 권위와 방법이 있다고 말하는 셈입니다. 하나는 성경이고 하나는 자연입니다. 이 둘이 평행을 유지하면서 서로 보완된다고 말합니다. 따라서 영혼에 관한 문제를 위해서는 성경으로 가야 하지만, 하나님께서 자연을 통해 그분 자신을 계시하신 것을 찾기 위해서는 성경이 아니라 과학으로 가야 한다고 주장합니다.

여러분도 이 견해를 익히 알고 계시겠지만, 나는 이것이 극히 위험할 뿐 아니라 우리의 입장 전체를 훼손하는 경향이 있다고 봅니다. 우리는 이 견해를 논박하되 아주 강력하게 논박해야 합니다. 오늘날의 이러한 경향에는 아주 놀라운 것이 하나 있습니다. 그것을 옹호하는 사람들은 자신들이 과거에 없던 새로운 것을 말하고 있다고 생각하는 듯합니다. 그러나 새로운 것이 아닙니다. 그것은 이미 100년 전에 리츨(Ritschl)과 그의 추종자들이 가르쳤던 것입니다. 그들이 표현한 '사실 판단'과 '가치 판단'이 그것입니다. 그 표현대로 돌아가는 것일 뿐입니다. 그것이 1840년대 이래, 복음주의자들이 곁길로 빗나간 경위입니다. 그것이 그들이 봉착한 구체적 결과입니다. 그들은 자신들이 다만 자연과학 영역에서 갈수록 강도가 높아져 가는 공격에 복음 진리를 방어하려는 것일 뿐이라고 주장했습니다. 그것이 그들이 채택한 방법이었습니다. 그들은 성경을 오직 '종교적' 진리에만 국한시키면서, 과학이 무엇을 발견하든 그것은 이 진리에 영향을 끼칠 수 없다고 주장했습니다.

오늘날 우리 동료들도 같은 동기로—그들의 동기가 선하고 참되다는 것을 인정합시다—똑같은 일을 하고 있습니다. 하지만 그들은 리츨의 추종자들이 걸었던 것과 같은 길을 걷고 있습니다. 그 결과도 동일하다고 생각합니다. 그것은 복음 자체를 타협하는 것입니다. 우리는 창세기 처음 몇 장과 그 이후에 전개되는 성경의 역사적 사실을 믿는다고 강조해야 합니다.

진화가 아니라 창조

복음주의자는 창조에 관한 성경의 가르침을 수용하되, 사람들이 지지하는 특정한 이론이 무엇이든 진화론에 우리의 기초를 두지 않습니다. 우리는 아담이라고 하는 첫 남자가 있었고, 하와라고 하는 첫 여자가 있었음을 믿는다고 강조해야 합니다. 아담 이전에 다른 사람이 있었다는 개념도 배격합니다. 그것은 성경의 가르침에 반(反)하기 때문입니다.

이렇게 질문할 분이 계실지 모르겠습니다. "왜 이 문제에 그토록 연연하는가? 이것이 구원의 교리에 본질적인가? 이것은 당신이 이 강의 서두에 경고했던 지나친 구체화의 오류에 떨어지는 것은 아닌가?" 나는 그렇지 않다고 생각합니다. 그 이유는 다음과 같습니다. 성경을 하나님의 말씀으로 믿는다면 그것은 성경 전체에 해당되어야 하며, 성경이 역사로 우리에게 제시되고 있다면 그것을 역사로 받아들여야 하는 것입니다. 창세기 처음 세 장은 역사로서 우리에게 제시되었다고 주장하고 싶습니다. 성경에 비유와 상징이 있다는 것도 알고 있습니다. 그러나 성경이 비유와 상징을 사용할 때는 그렇게 하고 있음을 나타내며, 역사의 형식을 취해 무엇을 제시할 때는 그것을 역사로 받아들일 것을 요구합니다.

그러므로 앞서 말한 근본적인 원리, 즉 성경 모든 부분의 온전성과 상호 연관성을 고수해야 합니다. 성경은 단순히 구원에 대해서만 진술하는 것으로 그치지 않습니다. 성경은 하나의 완전한 전체입니다. 세계와 인간의 기원에 관해 말합니다. 인간에게 무슨 일이 일어났고 인간이 어떻게 타락했으며 구원이 왜 필요한지에 대해 말한 다음, 하나님의 구원 계획과 그 사실을 어떻게 부분적·단계적으로 계시하기 시작하셨는지를 말합니다. 성경을 생각할 때 그 온전성과 각 부분의 완벽한 상관관계만큼 놀라운 것이 없습니다.

그러므로 창세기 처음 세 장과 거기 기록된 역사는 구원의 교리 전체를 이해하는 데 중요한 역할을 합니다. 사도 바울이 로마서 5:12-21에서 가르치는 내용을 예로 들어보겠습니다. 바울의 논지 전체는 아담 한 사람과 그의 죄, 그리고 그와 비교해 주 예수 그리스도와 그가 행하신 위대한 일에 근거를 둡니다. 고린도전서 15장도 동일합니다. 그 본문에서도 사도의 논지는 역사성에 토대를 두고 있습니다. 과거에도 그랬지만 특히 오늘날 우리가 강조해야 할 사실은, 우리의 복음과 우리의 믿음이 그저 세상에 있는 가르침의 하나가 아니라는 것입니다. 그것은 철학이 아닙니다. 그것은 근본적으로 역사입니다.

여러분도 잘 아시는 것처럼, 사도들은 오순절에 성령이 충만하여 하나님이 행하신 크신 일들을 증거했습니다. 구원 사역은 하나님이 행하신 일입니다! 성경은 하나님이 행하신 일의 기록입니다. 구원은 하나의 견해가 아닙니다. 구체적인 역사의 지평에서 발생한 행위들로 말미암아 나타난 어떤 것입니다. 역사성이란 대단히 중대한 문제입니다. 앞서 언급했듯이, 그것은 사도 바울이 설명한 구원의 도리를 이해하는 열쇠입니다.

물론 그것에 덧붙여 우리 주님의 인격에 관한 질문 전체가 대두합니다. 주님은 이 역사를 분명히 받아들이셨고, 아담을 언급하셨으며, 혼인에 관해 말씀하시면서 성경 그 부분의 역사성을 인정하셨습니다(마 19:4-5). 그러나 여러분이 진리에서 떠나 이 역사를 받아들이지 않고 인간의 육체가 단순히 진화과정의 결과로 발전했으며, 그 과정 후 하나님께서 이 원인(原人, humanoid)—혹은 여러분이 무엇이라고 부르든—가운데 하나를 취해 그를 인간으로 만드셨다고 믿는다면, 하와는 어떻게 존재하게 되었는가 하는 질문은 여전히 남아 있는 셈입니다. 성경은 하와의 기원에 대해 아주 구체적으로 가르치고 있기 때문입니다. 어떤 형식으로든 인간 발전에 관한 진화론을 믿는 사람들은 하와의 기원과 존재를 설명하지 못합니다. 따라서 훨씬 더 중요한 신학적 난제들뿐 아니라 과학적 난제들도 있는 셈인데, 이 문제에는 한 가지 일반적인 측면이 있습니다. 나는 그것이 어떤 의미에서는 훨씬 더 중요하다고 봅니다.

이러한 구분선을 긋는 방식으로 기독교 구원의 복음을 지키고 있다고 느끼는 이 선량한 친구들은, 로마 가톨릭 교회가 코페르니쿠스를 비롯한 사람들에게 행했던 바로 그 일을 하고 있다고 나는 믿습니다. 로마 가톨릭 교회가 이 사람들의 발견을 어떻게 반대했는지 여러분은 기억하실 것입니다. 로마 교회가 왜 그렇게 반대했습니까? 그것은 교회가 그리스 철학의 가르침대로 자연세계를 이해하고 있었기 때문입니다. 그리스 철학은 관찰이나 과학적 연구결과가 아닌 순수이성의 산물이었습니다. 철학자들은 사색을 통해 세계와 우주에 관한 절대명제들을 제시했습니다. 자연세계에 대해 그리스 철학적 가르침을 취하고 있던 로마 교회는 과학자들이 등장해 이런저런 발견 결과를 제시하자 그들을 반대했던 것입니다. 왜 그랬습니까? 교회가 성경의 가르침보다 아리스토텔레스를 비롯한 그리스 철학자들의 가르침을 더 깊숙이 받아들이면서 스스로 난제에 빠져, 진리와 사실을 부정하는 자리에 이르게 된 것입니다.

그런데 바로 이러한 행위를 오늘날 일부 복음주의자들이 취하려고 합니다. 그들은 현대과학의 가르침에 결탁하려고 하는데, 이보다 더 위험한 짓은 없습니다. 우리의 토대를 오직 성경에 두어야 합니다. 어느 시대든 동일하지만, 특별히 오늘날만큼 이 태도가 절실한 때도 없는 것 같습니다. 우리는 대격변의 시대, 거대한 과학적 변화의 시대에 살고 있습니다. 양자이론과 아인슈타인의 연구가 과학 전 영역에 혁명을 몰고 왔습니다. 예를 들어 지난 세기에 과학자들이 '자연의 절대법칙'을 말하며 취한 교조주의적 태도를 생각해 봅시다. 그러나 그들은 더 이상 그렇게 하지 않으며 그렇게 할 수도 없습니다. 오늘날은 모든 것이 불확실합니다. 오늘날 과학자들은 우리가 자연법칙이라고 부르는 것이 진리의 총합 가운데 지극히 작은 부분에 지나지 않는다고 말합니다. 이것이 우리가 발견한 모든 것입니다. 점차 과학자들도 자신들의 지식이 매우 제한적이라는 것을 발견하고 있습니다.

현대과학 자체는 유력하고 위대한 과학자들이 주장했다는 이유만으로 그 주장을 절대진리로 받아들이지 않습니다. 그렇다고 반(反)과학적이라거나 반계몽적이라고 말하지 않습니다. 과거 위대한 과학자들은 대단히 교조적인 태도로 진술했으나 오늘날에는 오류로 판명된 주장들에 대해 우리는 알고 있습니다. 100년 전 그들은, 대단한 자신감으로 갑상선과 뇌하수체가 퇴화기관이라고 가르쳤고 사람들은 그 말을 믿었습니다. 그들의 주장을 믿었기 때문에 지난 세기 중엽에 많은 복음주의자들의 신앙이 흔들렸던 것도 사실입니다. 이제 우리는 이런 주장들이 틀렸다는 것을 압니다. 내가 말하고자 하는 것은, 우리의 입장과 성경에 대한 우리의 견해를 과학적 선언들 위에 세우는 것이 얼마나 위험한 행위인가 하는 것입니다. 과학적 선언들은 가변적이고 항상 움직입니다. 이 시대의 기준은 확실성보다 불확실성이며, 따라서 우리는 겸손해질 필요가 있습니다. 우리가 모든 것을 설명할 수 없고, 우리가 설명할 수 없는 것들이 있다는 점을 인정한다면 다음과 같이 말하는 것이 옳습니다. "우리 안에 내주하시는 성령께서 성경의 진실성을 증거하시므로 우리는 창조와 우주 전체에 관해 성경이 가르치는 모든 것을 사실로 믿는다. 비록 지금은 성경이 몇 가지 과학의 발견들과 모순되는 것처럼 보일지라도 언젠가는 과학자들이 자신들의 오류를 발견하고 성경의 진술이 참되다는 것을 발견할 날이 올 것이라는 사실을 믿으며 사람들을 격려하고 인내하도록 할 것이다." 이처럼 우리는 오직 우리의 견해를 성경에 두어야 합니다. 이것은 어느 시대나 동일한 개신교의 성경

관입니다. 성경 전체가 참되다는 것을 뒷받침하는 두 가지 증거가 있습니다. 하나는 말씀 그 자체 안에서 성령이 행하시는 외적인 증거입니다. 다른 하나는 성령이 우리 안에서 행하시는 내적인 증거(testimonium Spiritus internum)입니다. 이것이 하나님의 말씀이라는 확신을 우리 속에 심어 줍니다.*

여러분도 이 시점에서 우리의 교리를 상세히 진술할 필요가 있음을 아실 것입니다. 어떤 이들은 이렇게 말합니다. "나는 그것을 받아들입니다. 나는 여러분이 주장하는 기초 교리와 그것이 성경에 관해서 말하는 바에 대해 조금도 생각이 바뀌지 않았습니다." 그러나 그들에게 기초 교리를 구체적으로 말해 보면, 그들이 진정한 복음주의의 입장에서 얼마나 철저히 떠났는지를 확인하게 될 것입니다.

타락과 악

계속해서 강조해야 할 점은, 첫 사람의 역사적 타락 사실입니다. 그 사건이 창세기 3장에 기록된 방식으로 발생했다는

---

* 이 주제에 관해 더 살펴보려면 D. M. Lloyd-Jones, *Authority*, 1958(Banner of Truth Trust, 1984)를 보라.

사실을 강조해야 합니다. 우리가 그것을 이해할 수 있는지 없는지는 문제가 되지 않습니다. 문제는 우리가 무슨 가르침을 들었는가 하는 것입니다. 사도 바울은 고린도후서 11:3에서 "뱀이 그 간계로 이와를 미혹케 한 것"을 고린도 교인들에게 상기시킵니다. 사도들이 성령의 영감을 받은 사실과 우리 주님의 인격을 결부시키지 않고서는 이런 사실들은 믿을 수가 없습니다. 이런 사실들을 믿지 않게 되면, 주님 또한 그 시대의 자녀였고 몇 가지 점들에 대해서는 잘 모르셨으며, 다만 자기 시대의 과학적 지식만 갖고 계셨을 뿐이라고 주장하게 됩니다. 그렇게 되면 주님의 말씀들에 대해서도 의문을 갖게 될 뿐 아니라 궁극적으로는 사물을 판단할 아무런 권위도 갖지 못하게 됩니다.

우리는 창세기 3장의 역사성뿐 아니라 거기에 기록된 타락에 관한 기록도 받아들여야 합니다. 그것을 역사로 받아들이지 않는다면 우리 신앙에서 가장 위로가 되는 사실, 즉 창세기 3:15에 기록된 원시복음 역시 배제하게 될 것입니다. 그것은 여자의 후손이 뱀의 머리를 상하게 할 것이라는 영광스러운 약속이며, 그리스도의 동정녀 탄생과 그리스도께서 어떻게 우리에게 이 큰 구원을 가져다 주실 것인지를 알려주는 최초의 예언입니다. 그것은 역사기록의 형식으로,

구체적으로 진술된 십자가의 거룩한 사역에 관한 최초의 암시입니다.

마찬가지로, 우리는 대홍수의 사실성도 강조해야 합니다. 물론 시간적 제한 때문에 여기서 모든 것을 다 말할 수는 없습니다. 다만 현 시점에서 우리가 구체적으로 강조해야 할 사실들을 제시할 뿐입니다. 개괄적인 진술들로는 더 이상 충분하지 않습니다. 이제는 사람들이 구체적으로 무엇을 믿는가를 알아야 합니다. 그들의 진술을 조사하여 그들이 성경의 최고 권위를 인정하는지, 신앙과 행위의 모든 문제에서 성경의 신빙성을 인정하는지 점검해 봐야 합니다.

성경에 대한 우리의 입장을 다루었으므로, 이제는 다른 교리들로 넘어가고자 합니다. 여기서도 기초 교리에 몇 가지 점을 덧붙이고 싶습니다. 그렇게 한다고 놀라실 분이 없을 것이라고 나는 믿습니다. 내가 주장하고 싶은 것은, 우리가 마귀와 그에게 속한 영들의 존재를 믿는다는 사실을 강조해야 한다는 것입니다. 오늘날 복음주의자들이 이것을 말하지 않는 것은 기이한 일입니다. 마귀의 존재를 믿지 않고 악한 영들의 존재를 믿지 않는 사람들이 참으로 많습니다. 그들은 철저한 정통신앙을 갖고 있는 것으로 알고 있는데, 막상 귀신 들리는 일과 귀신 내쫓는 일에 관해 이야기를 나

뒤 보면 그런 것이 모두 터무니없는 소리라고 분명히 말합니다. 그들은 악한 영들의 존재를 믿지 않습니다. 그것이 우리 주님의 시대에만 사실이었다고 말합니다. 그들의 견해가 너무나 놀랍고 납득할 수 없습니다.

이 점과 관련해 두 가지 주장이 있습니다. 그들은 성령의 은사들이 사도 시대에만 국한되었고 그 시대로 그쳤다고 말합니다. 마치 마귀가 공손하게도 사도 시대와 더불어 활동을 그쳤다고 말하는 듯합니다. 이처럼 큰 혼동이 우리에게 있는 것입니다. 결코 그렇지 않습니다. 우리는 초자연적 영역과 영적 전쟁을 믿는 것이 우리의 전체 입장의 한 부분이라고 주장해야 합니다. 사도는 이 전쟁을 다음과 같이 언급합니다. "우리의 씨름은 혈과 육에 대한 것이 아니요 정사와 권세와 이 어두움의 세상 주관자들과 하늘에 있는 악의 영들에게 대함이라"(엡 6:12). 오늘날 복음주의 진영에서조차 이러한 주장은 얼마나 희귀합니까? 혹시 우리 가운데 지식인이 되고자 하는, 그래서 이런 진리들을 추상적이고 부조리하게 간주하는 경향이 있는 것은 아닙니까? 우리는 믿음의 선조들과 달리 '성령의 인도하심'과 '성령이 금하시는 일들'과 성령의 기이한 역사에 대해 별로 말하지 않습니다. 더욱이 악한 영들의 활동에 대해서는 아예 이야기하는 것조차 꺼려합니다. 그러나 실제로는 귀신들리는 현상이 급속도로 재현되고 심지어 마귀 숭배와 불신앙의 두려운 특징들이 퍼져 나가는 세계에 우리는 살고 있습니다.

그러므로 이 시점에서, 우리는 우리의 믿음을 강조해야 합니다. 우리는 바보로 여겨질 것입니다. 오늘날 마귀의 존재를 믿는 사람은 거의 무식한 사람 취급을 받습니다. 그럴지라도 성경을 믿는다면 이 가공할 마귀의 존재와 그의 두려운 권세를 믿지 않을 수 없습니다. 어떤 의미에서 성경은 하나님의 세력과 마귀의 세력이 벌이는 전쟁에 관한 기록입니다. 최종적으로 이 전쟁은, 마귀와 그 모든 수하 세력이 멸망할 때까지 계속될 것이라고 우리는 성경에서 배웁니다.

다음으로 우리가 강조해야 할 점은, 사람이 영적으로 죽어 있다는 사실과 '허물과 죄로 죽은'—약간의 결핍이 아니라—상태이므로 영적인 선을 조금도 행할 능력이 없다는 사실, 그리고 사람이 스스로 분발하기만 하면 하나님을 믿고 그분에게 나아갈 수 있다는 말은 사실이 아니라는 것입니다. 우리는 성경이 가르치는 것처럼, 인간이 전적으로 죽었으므로 양심을 개량한다고 해도 "본질상 진노의 자녀"(엡 2:3)이며, "모든 사람이 죄를 범하였으매 하나님의 영광에 이르지 못"(롬 3:23)한다는 사실 자체가 조금도 달라지지 않는다는 것을 주장해야 합니다.

유일한 구원의 길

속죄 교리에 이르러서는 속죄의 대속적 측면과 요소, 대리 형벌을 특별히 강조해야 합니다. 이런 교훈들은 인간이 처한 상황을 가장 잘 말해 줍니다. 복음주의자 가운데 이렇게 말할 분이 있을 것입니다. "맞습니다. 물론 나는 위대한 신학자가 아닙니다. 다만 성경의 진술들을 받아들이고 반복할 뿐입니다." 그리고는 속죄에 이러한 형벌적 요소가 있다는 사실을 인정하는 데까지 나아가지 않습니다. "내가 아는 전부는 그리스도의 사역, 그분의 속죄가 나를 하나님과 화목시켜 주었다는 것입니다" 하고 말합니다. 이렇게 말하는 것으로는 충분하지 않습니다. 그렇게 말하는 것은 사도 바울의 교훈에 담긴 구체적이고 명시적인 내용은 고사하고 구약성경이 제사제도와 관련해 가르친 내용 전체를 배격하는 것과 다름없습니다. 따라서 우리는 이 대속적 요소를 주목하고 강조해야 합니다.

또한 오직 믿음으로 의롭다 함을 얻는다는 교리를 각별히 강조해야 합니다. 칭의는 중생의 결과가 아니며, 그것이 우리의 중생에 좌우되는 것도 아님을 강조해야 합니다. 우리가 의롭다 함을 받은 것이 세례를 받아 거듭났기 때문이라는 것은 로마 가톨릭의 가르침입니다. 이 오류는 매우 교묘한 형태로 들어올 수 있고 지금도 들어오고 있지만, 우리는 하나님께서 "경건치 아니한 자를 의롭다"(롬 4:5) 하신다는 것을 강조해야 합니다. 그것은 전적으로 법정적 행위, 곧 하나님의 법률적 선언입니다. 우리는 그것에 조금도 기여하지 못한다는 것을 강조해야 합니다. 이것이 우리가 반드시 강조해야 할 전통적인 복음주의 교훈입니다.

교회 내의 쟁점들

교회란 주제에 이르게 되면, 다시 한번 몇 가지 구체적인 진술을 해야 합니다. 나는 개인적으로 복음주의자는 국가 또는 영토 교회를 신봉할 수 없다고 주장하고 싶습니다. 우리는 이러한 제도들이 역사상 발생한 특정 사건들의 결과로 존재한 것일 뿐인 줄을 알고 있습니다. 신약성경에는 이 제도들에 대해 아무런 암시도 담겨 있지 않습니다. 어떻게 그런 것이 있을 수 있겠습니까? 나면서부터 그리스도인이 될 수밖에 없는 문제는 어떻습니까? 왜 교회가 국가생활의 영적 양상에 지나지 않아야 합니까? 그것은 성경의 가르침과 동떨어진 것입니다. 교회사에서 국가 혹은 영토 교회 개념만큼 큰 혼란을 일으킨 것도 없을 것입니다. 우리는 성도의 사귐을 믿으며 성도들로 이루어진 교회를 믿습니다. 교회는 성도의 사귐입니다.

물론 기초 교리에서 우리는 교리의 순수성을 믿어야 합니다. 뿐만 아니라 성례의 순수성을 강조해야 합니다. 그러므로 권징을 믿어야 합니다. 이것이 없다면 신앙고백서를 가지는 목적도 없게 됩니다. 따라서 권징이 참된 교회의 삶에 본질임을 강조해야 합니다. 그러므로 권징을 믿지도 시행하지도 않으면서 스스로 교회라고 부르는 집단은 참 교회가 아닙니다.

그러나 여기서 고려해야 할 부정적인 요소들이 있는데, 우리는 이런 부정적 요소들의 중요성을 간과해서는 안됩니다. 우리는 사도권 계승 개념 자체를 송두리째 배격해서는 안됩니다. 배격해야 할 것은, 신약성경에서 발견할 수 없는 성직자와 평신도를 구분하는 개념입니다. 또한 주교들이 교회에 필수적이라는 개념도 배격해야 합니다. 그러면 "이것이 복음주의와 무슨 상관이 있는가?" 하고 질문하실지도 모르겠습니다. 내가 드리고 싶은 대답은, 어떤 복음주의자들은 주교의 권위가 주님의 인성에 토대를 둔 권위인 사도들의 권위와 동등하다는 진술을 믿는다는 것입니다. 지난해 두 명의 복음주의자가 그 진술에 동조했습니다. 그들이 제시한 또 다른 진술은 그리스도가 교회의 머리되심을 주교가 표현한다는 것입니다. 이런 진술을 뒷받침할 만한 성경적 근거가 어디에 있습니까? 그런 근거는 전혀 없습니다. 이것이 이른바 '교리의 발전'입니다. 그들은 교회가 자신의 경험과 지혜로써 신약성경에 암시된 이러한 견해를 발견하고서 그것을 명시적으로 끌어낸 것이라고 주장합니다. 우리 복음주의자들은 이러한 주장을 철저히 배격해야 합니다.

성례 문제에 관해서 우리는 어떤 형태의 사제 중심주의도 배격해야 합니다. 우리는 사제와 사제들의 행위를 믿지 않습니다. 우리는 성례 자체와 그것의 자동적 효능을 믿지 않습니다. 사효성(事效性, *ex opere operato*)이라는 용어를 우리는 배격합니다. 따라서 위에 언급한 두 복음주의자가 받아들인 진술, 즉 성례 행위 자체에 효능이 있다는 진술을 우리는 배격해야 합니다. 우리는 복음주의자로서 그것을 인정하지 않습니다. 성례 행위 자체에는 아무런 효능이 없습니다. 성례는 받는 사람이 믿음으로 받지 않는다면 아무것도 아닙니다. 그 행위 자체에는 아무런 효능도 내재해 있지 않습니다. 우리는 성례의 무조건적인 효능을 믿지 않습니다.

복음주의자들이 그런 진술을 하지 않았다면 내가 굳이 이런 문제를 끄집어내어 강조할 이유가 없을 것입니다. 이것은 지난 10년 동안 일어난 불행한 변화를 보여주는 한 단면입니다. 성례 중심주의, 사제 중심주의의 문을 다시 열려는 것입니다. 따라서 우리는 세례를 통한 중생과 관련된 어떤 주장도 단호히 배격해야 합니다. 성례에 관한 개념은 로마 가톨릭의 형태뿐 아니라 다른 어떤 형태의 것도 배격해야 마땅합니다. 마찬가지로 우리는 성찬을 제사로 바라보는 일체의 개념도 배격해야 합니다. 성찬에는 제사의 반복도 제사 자체의 요소도 없습니다. 우리는 우리 모두가 성례의 행위로써 우리 자신을 드린다는 점을 강조해야 합니다. 우리는 그 자리에서 우리 자신이 아닌 다른 것을 드린다는 생각을 배격합니다.

오늘날 우리가 처한 현실을 감안할 때 덧붙여 설명해야 할 점들이 있습니다. 현재 이 신앙의 기초 교리만으로는 사실상 충분하지 못합니다. 다른 것도 마찬가지입니다. 우리는 이 특별한 질문들을 해야 하며 이 구체적인 문제들에 관해 분명한 태도를 천명해야 합니다.

연합에 본질이 아닌 부차적 진리들

위의 논지는 자연스럽게 다음 논지로 이어집니다. 나는 지금까지 본질적인 믿음의 항목들을 다루었습니다. 비본질적인 항목들이라고 말한 내용은 아직 다루지 못했습니다.

비본질적인 항목들이란 무엇입니까? 우리는 지금까지 다뤄 온 문제들에 관해 분명한 입장을 가지고 있습니다. 우리는 우리의 복음주의적인 입장을 규명해 왔습니다. 그러나 우리의 기초 교리에 다뤄지지 않은 다른 많은 주제들은 언급하지 않고 남겨 두었습니다. 그것이 무엇입니까? 나는 그것들을 비본질적인 것들의 범주에 놓습니다. 그것들이 비본질적이라고 해서 중요하지 않다는 뜻은 아닙니다. 그것들은 대단히 중요하며 복음주의자들이 반드시 논의해야 하되 형제의 입장에서 논해야 하는 것들입니다. 캘빈이 말했듯이, 그런 문제들 때문에 서로 분열되는 것이 아니라 서로 돕도록 노력해야 합니다. 우리는 우리의 한계와 결핍과 무지를 인정합니다. 우리는 빌립보서 3장에서 바울이 한 약속을 믿습니다. 인내하며 함께 모색한다면 주께서 이런 문제들에도 빛을 비춰 주실 것입니다.

그러나 우리가 그것들을 비본질적이라고 한 이유는, 구

원에 필수적이지 않기 때문입니다. 이것이 잣대가 되어야 합니다. 내가 그것들을 비본질적이라고 한 또 다른 이유는, 그것들은 어떤 한 가지 방식으로는 입증할 수 없기 때문입니다. 이 말은 성경이 모호하다는 뜻이 아니라, 성경에는 "이것만큼은 반드시 믿어야 한다"고 말할 만큼 명쾌하지 않은 문제들도 있다는 뜻입니다.

그뿐 아니라 이런 것들을 비본질적이라고 언급한 또 다른 이유가 있습니다. 때로는 그것이 깨달음의 많고 적음의 차이일 수 있는데, 많이 깨달았다고 해서 구원받는 것은 아니라는 사실을 우리는 기억해야 합니다. 이것이 대단히 중요합니다. 복음주의자들이 안고 있는 위험은, 우리가 깨달음으로 구원받았다고 생각하는 올무에 빠지는 것입니다. 그러나 그렇지 않습니다. 하나님께 감사하십시오. 우리는 우리의 무지와 우리의 여러 가지 현실적 한계와 죄성에도 불구하고 구원받았기 때문입니다. 복음주의자들 가운데 생기는 견해 차이는 때로 깨달음의 차이 때문에 일어납니다.

물론 깨달음이 부족한 것과 유능한 사람이 진리를 확고히 부정하는 것 사이에도 차이가 있습니다. 내가 말하고 싶은 것은 이것입니다. 어떤 단순한 그리스도인들이 있습니다. 그들은 지식에 은사가 없습니다. 어떤 문제를 이해하는

데 몹시 어려움을 겪습니다. 반면, 유능하고 은사도 많고 지적 능력도 뛰어난 사람들이 있습니다. 그들은 첫 부류의 사람들이 받아들이고 이해하기 어려워하는 진리들을 의도적으로 배격합니다. 이 두 입장은 사뭇 다릅니다. 전자에 대해서는 인내하고 동정하고 관대해야 하지만, 후자에 대해서는 단죄하고 그들과 결별해야 합니다.

이런 점들이 본질적인 것과 비본질적인 것을 구분해야 하는 몇 가지 이유가 됩니다. 그러므로 이제 비본질적인 것들의 범주에 넣을 수 있는 몇 가지를 언급하려고 합니다.

첫째는 선택과 예정에 관한 신앙입니다. 나는 캘빈주의자이므로 선택과 예정을 믿습니다. 그러나 이것을 본질적인 범주에 넣고 싶은 생각은 추호도 없습니다. 나는 이것을 비본질적인 범주에 넣습니다. 물론 나는 펠라기우스주의(Pelagianism)를 단죄합니다. 펠라기우스주의는 구원에 관한 성경의 진리를 부정합니다. 그것이 빠졌습니다. 그러나 나는 아르미니우스주의(Arminianism)의 다양한 형태들을 생각해 보면서, 이것을 본질적인 것들의 범주에 넣지는 않습니다. 내 생각에 이것은 깨달음의 문제이기 때문에 그렇습니다. 여러분이 구원받은 것은 이 큰 구원이 어떻게 여러분에게 임했는지 정확히 깨달았기 때문이 아닙니다. 여러분이 분명히 알아야 할 것은, 여러분이 상실과 멸망에 처해 있었고 소망 없이 절망 가운데 있었다는 사실입니다. 십자가에 달려 여러분의 죄의 형벌을 담당하시고 죽으시고 다시 살아나시고 승천하시고 성령을 보내시고 여러분을 거듭나게 하신 예수 그리스도 안에 나타난 하나님의 은혜가 아니었다면, 그 무엇도 여러분을 구원할 수 없었다는 사실입니다. 이러한 것이 본질적인 것입니다.

이것을 구체적으로 어떻게 믿게 되느냐고 묻는다면, 나는 이것이 구원의 **과정**(mechanism)에 대한 이해의 문제일 뿐, 구원의 **방법**(way)에 대한 문제가 아니라고 대답하겠습니다. 나 자신은 이 주제에 대해 분명하고 확고한 견해를 지니고 있지만, 선택과 예정 교리를 받아들이고 믿지 못하는 사람과 갈라설 마음은 없습니다. 모든 사람이 오직 은혜로 구원받는다고 말하는 한, 그리고 하나님께서 천하만민을 불러 회개케 하신다는 데 동의하는 한, 그들이 아르미니우스주의자든 캘빈주의자든 그들과 갈라설 마음이 없습니다. 두 부류의 사람이 이 점에 동의할 준비가 되어 있는 한, 사귐을 깨뜨릴 이유가 없습니다. 그러므로 나는 선택과 예정을 비본질적인 것들의 범주에 넣은 것입니다.

내가 비본질적인 것들의 범주에 넣고자 하는 또 다른 문제는, 세례받을 수 있는 연령과 세례를 집례하는 방식입니다. 이 문제도 비본질적인 것들의 범주에 넣는 이유는, 성경에서 그것을 구체적으로 입증할 수 없기 때문입니다. 나는 지난 44년 이상 이 주제에 관한 책들을 읽어 왔는데, 처음보다 나이가 들어갈수록 잘 모르겠다는 생각이 듭니다. 그러므로 우리가 세례를 믿는다고 주장하는 한―그것은 주님의 명령이므로 우리 모두가 믿어야 합니다―세례받을 수 있는 연령이나 집례 방식을 놓고 갈라져서는 안될 것입니다. 마찬가지로 구원의 확신이 있는지의 문제를 놓고도 갈라져서는 안됩니다.

심지어 교회 정치에 관한 문제로도 갈라져서는 안됩니다. 이 말을 꺼내기가 몹시 곤란하기는 하지만, 그래도 말하지 않을 수 없습니다. 나는 주교제도를 옹호하는 오늘날의 경향에 철저히 반대합니다. 이것은 에큐메니컬 운동이 자행하고 있는 것입니다. 여러분은 어느 나라 어느 지역에서든 에큐메니컬 운동으로 세워진 새로운 교회에서 주교들이 교회의 본질적 요소가 되어 있는 것을 발견할 것입니다. 남인도에서도 볼 수 있고, 북인도에서도 볼 수 있습니다. 이런 현상에 나는 몹시 분개하며 배격합니다. 그러나 복음주의자들 사이의 복음적 일치를 위해서 나는 일정한 형태의 수정된 주교제도라도 고려할 준비가 되어 있습니다. 그런 이유 때문에 이 문제를 비본질적인 것들의 범주에 넣은 것입니다.

마찬가지로 우리는 예언에 대한 해석 문제, 즉 전천년설이나 후천년설이나 무천년설 등의 견해 때문에 갈려서도 안 됩니다. 그런 해석 가운데 어떠한 것도 성경을 근거로 명쾌하게 입증할 수 없습니다. 따라서 그런 문제를 본질적인 것들의 범주에 넣어서는 안됩니다. 각자 자신의 견해가 있으면 그것을 견지하면 됩니다. 그런 문제들을 함께 논의하고 성경을 펼쳐 놓고 함께 생각해 봐야 합니다. 하지만 그런 문제들 때문에 서로 갈라진다면 우리는 교회를 분열시키는 죄를 범하는 것입니다. 그것은 비본질적인 것들을 본질적인 것들의 범주에 넣는 것입니다. 복음주의자들은 가끔씩 이런 잘못을 범해 왔습니다. 어떤 사람이 내게 한 말이 기억납니다. 그는 고(故) 그레샴 메이첸(Gresham Machen) 박사에 관해 '의심스럽다'면서, 그 이유를 다음과 같이 설명했습니다. 그는 세계 근본주의 협회에서 아주 유력한 분이었는데, 그 단체에서는 전천년설을 믿는 것이 상식으로 통했습니다. 그러나 메이첸 박사가 전천년설을 믿지 않는다는 이유로 그의 복음주의적 입장에 대해 의심했던 것입니다.

성화(聖化)의 방식에 대한 신조들도 비본질적인 것들의

범주에 속합니다. 성화에 관해 저마다 훌륭한 복음주의자들이 주장하는 상이한 이론들이 있는데, 우리는 그것을 모두 비본질적인 것들의 범주에 넣습니다. 우리는 우리 자신의 견해를 주장하고 강하게 견지합니다. 또 어떤 교훈들은 틀렸다고 믿습니다. 그러나 이것은 구원에 본질적인 요소는 아닙니다. 우리는 구원받았으며, 성화의 구체적인 방식에 관한 견해 차이에도 불구하고 이 훌륭한 믿음의 친구들과 함께 천국에 들어갈 것입니다.

성령세례와 **카리스마타**(*charismata*), 곧 영적 은사들에 관한 문제도 나는 비본질적인 것들의 범주에 넣고 싶습니다. 이 주제에 대해서도 서로 다른 견해들이 있습니다. 나는 이 주제가 대단히 중요하다고 생각하지만, 감히 이것을 본질적인 것들의 범주에 넣을 용기는 없습니다.

내 견해로는, 이상의 주제들 가운데 현 시점에서 우리가 특별히 강조해야 할 것들이 있습니다. 우리는 복음주의 입장을 명확하게 수립해야 합니다. 그런 후에는 본질적인 것과 비본질적인 것을 함부로 구분하지 않도록 주의해야 합니다. 잘못하면 분열의 죄를 범함으로써 그리스도의 몸을 찢어 놓기 시작할 수 있기 때문입니다.

이제 강의를 정리하고자 합니다. 우리가 강의를 통해 얻고자 한 목적은, 복음을 수호하고 복음주의를 명확하게 규명하고 영혼 구원에 더 많은 관심을 기울이며 기독교 교회가 널리 퍼져 나가게 하려는 것이었습니다. 그것이 우리의 유일한 동기가 되어야 합니다. 우리 모두 하나님과 주 예수 그리스도의 영광을 바라보는 하나의 눈을 가져야 합니다. 어느 한 사람도 예외 없이 우리 자신의 현실에도 불구하고 구원받았다는 것, 우리 가운데 누구나 그 어떤 면으로도 완전하지 못하다는 것, 그리고 거듭난 사람들과 사귐을 갖지 않는 것은 분열의 죄를 범하는 것임을 인식해야 합니다. 그러므로 사도 바울이 빌립보서에서 당부한 것을 기억해야 합니다. 어떤 대가를 치르고 어떤 고난을 당하더라도 한마음으로 서서 나갈 때, 언제나 하나님 한분만이 만유의 주로 높임을 받으실 것입니다. 하나님이 영광을 받으셔야 하고 우리 주 예수 그리스도의 이름이 이 땅의 만민 가운데 높임 받으시기를 소원하는 이 한 가지 생각만 품고 살아가야 합니다. 함께 기도하겠습니다.

우리 주 하나님, 저희가 다시 주님 앞에 나와서 우리가 어떤 자녀들이며, 진리의 이 거대한 대양 가장자리에서 어떤 전투를 벌이고 있는지 살펴보았습니다. 주님, 그리스도 안에 있는 그 단순성을 저희에게 주시고 우리를 보존하여 주시옵소서. 저희가 한없이 부족한 지식과 자만심과 깨달음으로 교만하지 않게 하시고, 저희에게 항상 어린아이 같은 심정을 주시옵소서. 저희를 얽매는 모든 가식과 잘못된 동기에서 우리를 구속해 주시고, 오직 주의 이름만이 높임받으시며 주님 홀로 영광 받으소서. 저희처럼 연약한 그릇을 사용하셔서 많은 이들이 죄를 깨닫고 회개하게 하시고 예수님의 보혈로 인도하셔서, 저희와 함께 그리스도의 몸의 지체가 되게 하옵소서. 주님, 간절히 구합니다. 저희 기도를 들으시고 저희에게 이 악한 세대를 헤쳐 나갈 지혜와 신중함을 주시옵소서. 주님, 저희의 만족이 주님께 있음을 고백하오니, 여러 나라에서 이 사역을 감당하기 위해 이 자리에 참석한 지도자들을 인도해 주시옵소서. 저들이 때로는 외롭고 고립된 것처럼 여겨지고 아무도 도울 이 없이 홀로 있는 것 같더라도, 주님께서 저들을 버리지도 떠나지도 아니 하신다는 것을 항상 깨닫게 하옵소서. 저희의 확신이 항상 주님과 주님의 권능 안에 있게 하옵소서. 특별히 집행부로 함께 모여 장차의 사역을 계획하는 주의 종들에게 복을 내려 주시옵소서. 오늘 이루어질 다른 모든 집회와 활동에서도 모든 이들이 주께서 베푸시는 복과 은혜를 맛보아 알게 하옵소서. 주님, 저희의 부족한 사역과 모든 죄를 용서해 주시옵소서. 하나님의 복되신 아들이신 우리 주와 구주 예수 그리스도의 이름과 공로만을 의지하여 기도합니다. 아멘.